Les grands maîtres de l'art

MONET

L'édition originale de cet ouvrage
a paru sous le titre : *Monet*

28 Percy Street, London W1P 9FF

Adaptation française de Christine Leplae-Couwez

D/1995/0195/59
ISBN 2-7130-1778-5
(édition originale : ISBN 0-7496-1546-X)

Exclusivité au Canada :
Les éditions Héritage inc., 300, rue Arran
Saint-Lambert (Québec) J4R 1K5
Dépôts légaux : 4e trimestre 1995
Bibliothèque nationale du Québec
Bibliothèque nationale du Canada
ISBN 2-7625-8323-3

Loi n° 49-956 du 16 juillet 1949
sur les publications destinées à la jeunesse

Imprimé en Belgique

Les grands maîtres de l'art

MONET

Antony Mason - Christine Leplae-Couwez

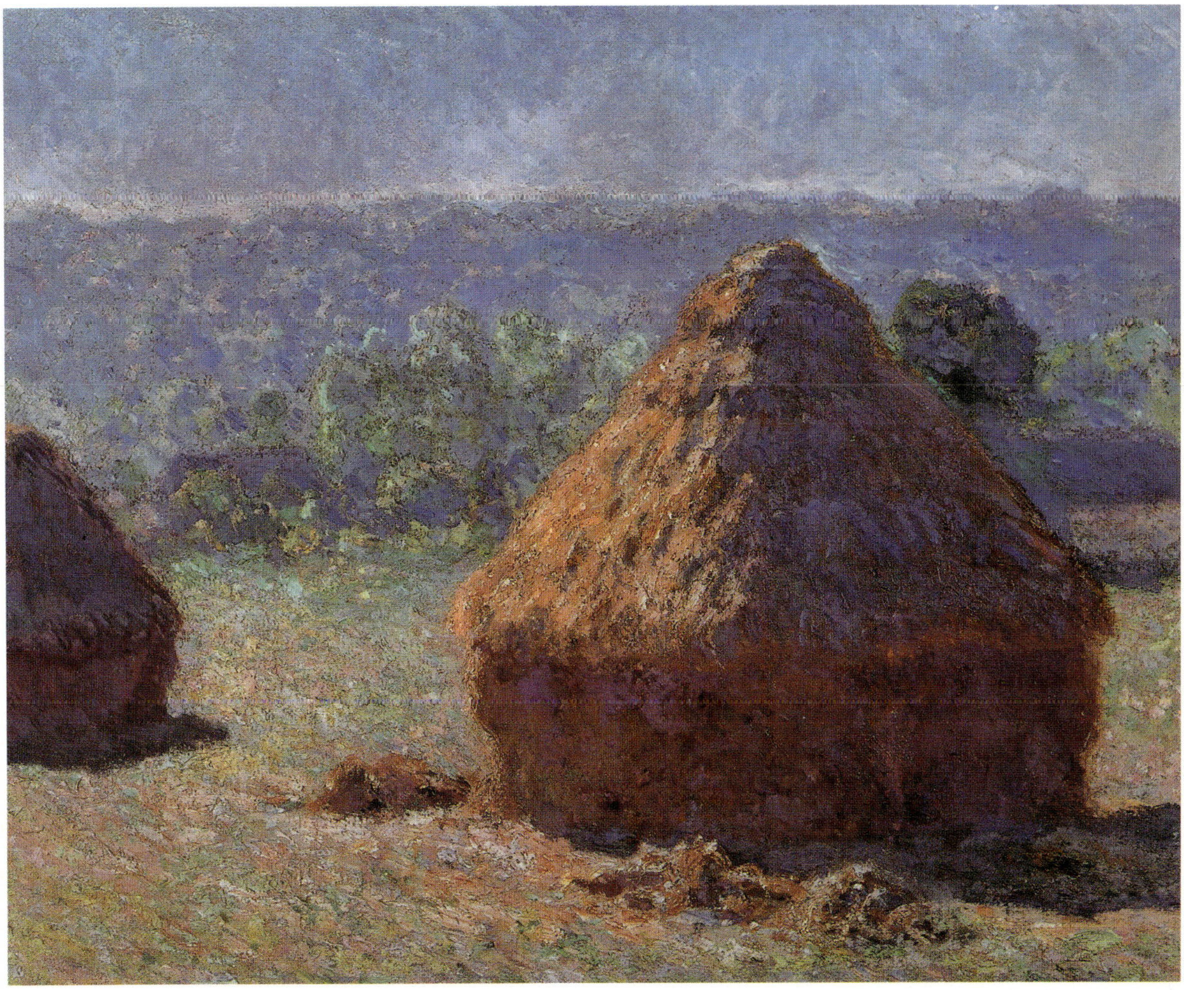

Éditions Gamma - Éditions Héritage

Sommaire

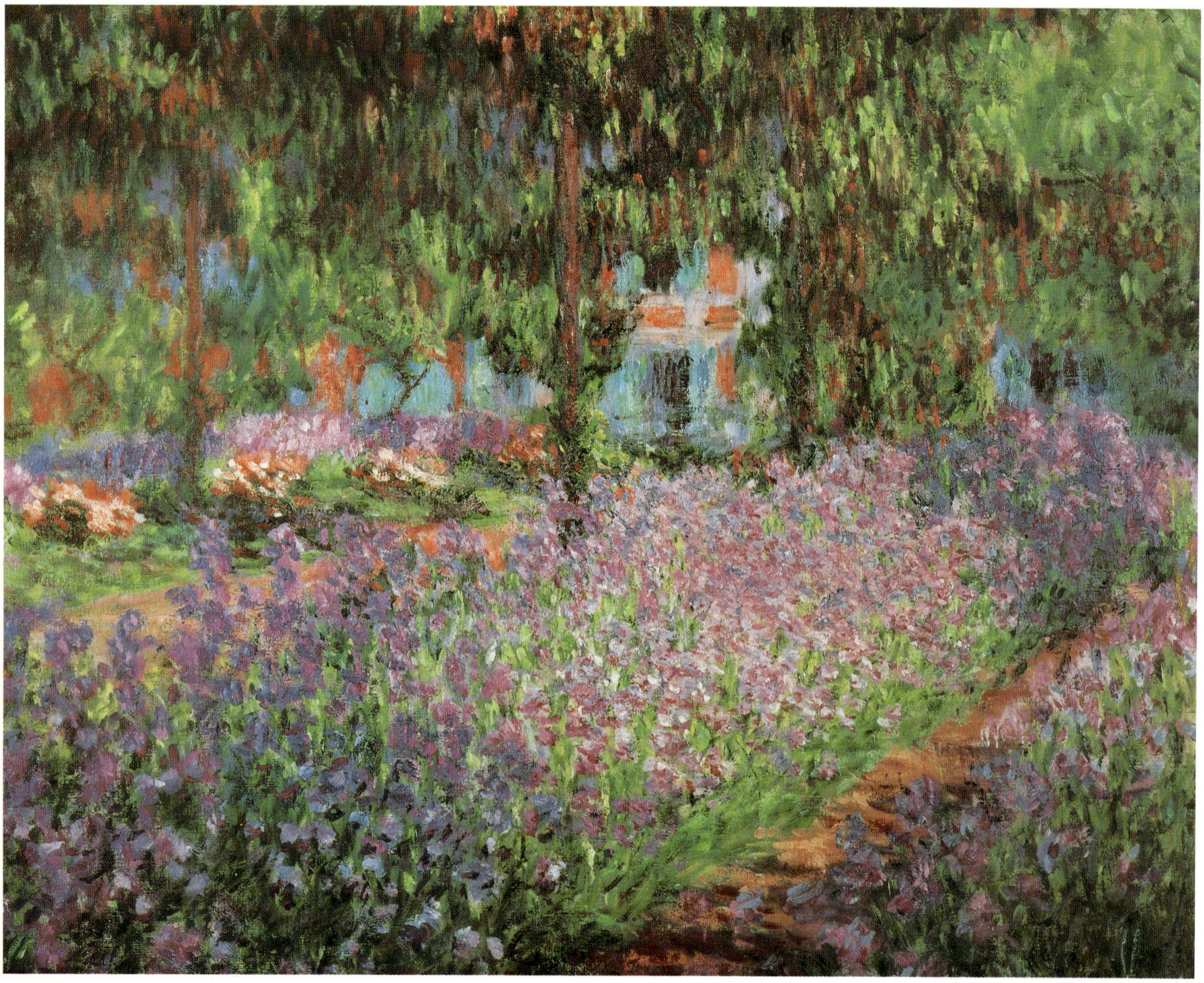

Le Jardin de l'artiste à Giverny, **réalisé en 1900.**

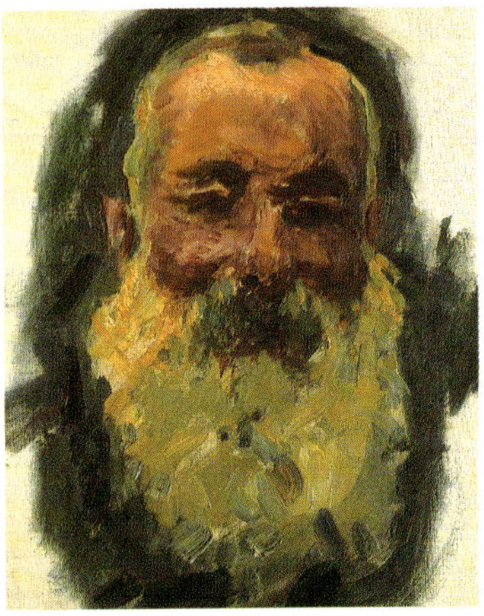

Introduction

Claude Monet est l'un des peintres français les plus célèbres de l'histoire de la peinture moderne. Très tôt, il s'affranchit des méthodes traditionnelles de peinture. Le peintre cherchait à rendre dans ses toiles l'atmosphère d'un paysage ou d'une scène. D'autres artistes partageaient ses idées. Ensemble, ils fondèrent une Société anonyme de peintres, de graveurs, de sculpteurs... Rapidement, leur mouvement reçut le nom (péjoratif) d'impressionniste. Après des années de lutte, l'impressionnisme devint l'un des principaux tremplins de l'art moderne. Cet ouvrage retrace la vie de Monet depuis son enfance, où il réalisait de brillantes caricatures de ses professeurs, jusqu'à sa consécration comme l'un des peintres les plus célèbres de France. Il t'initie aux techniques que l'artiste utilisa pour réaliser ses œuvres. Des explications pratiques te permettent de les appliquer. Voici comment ce livre a été conçu.

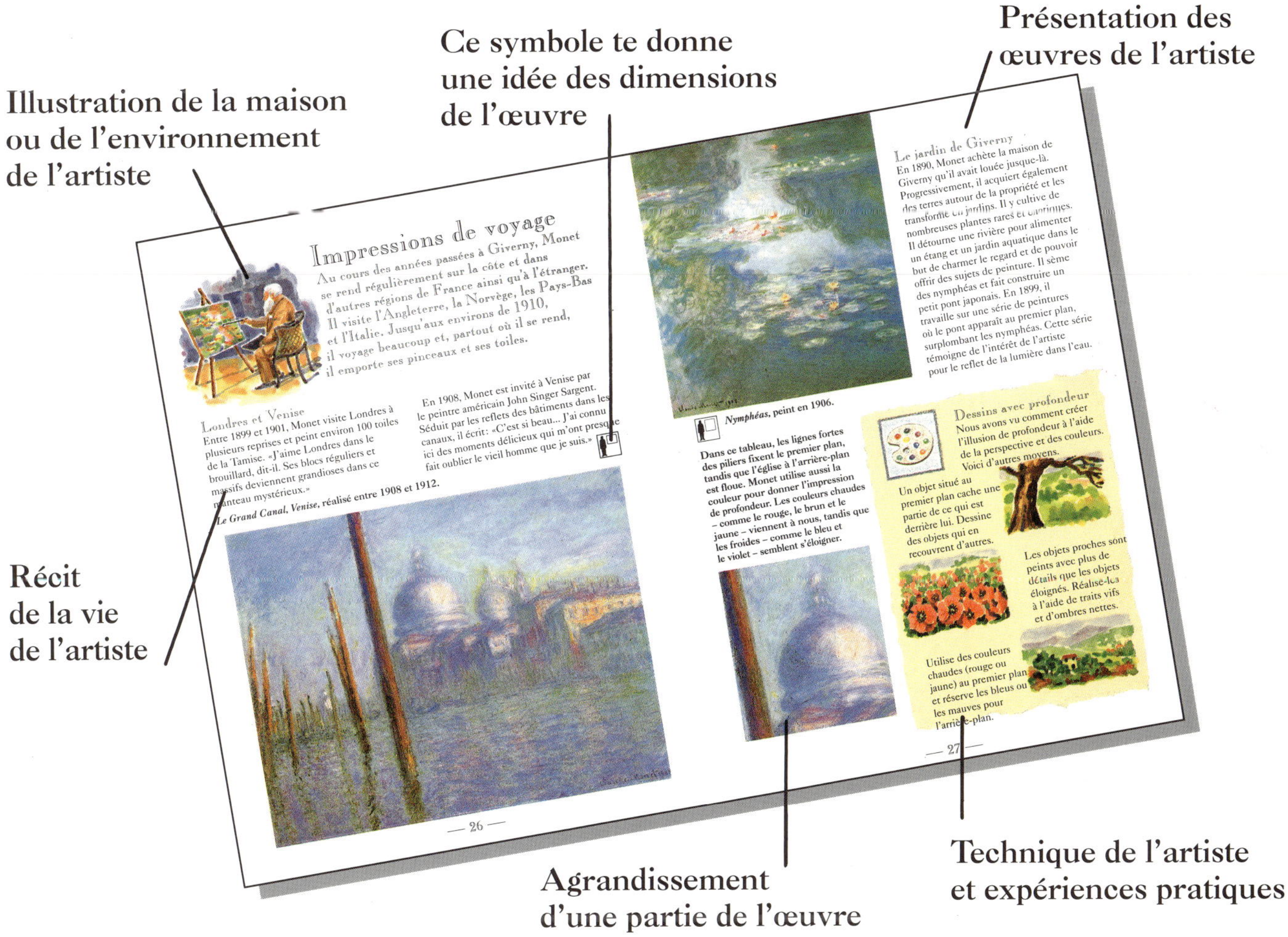

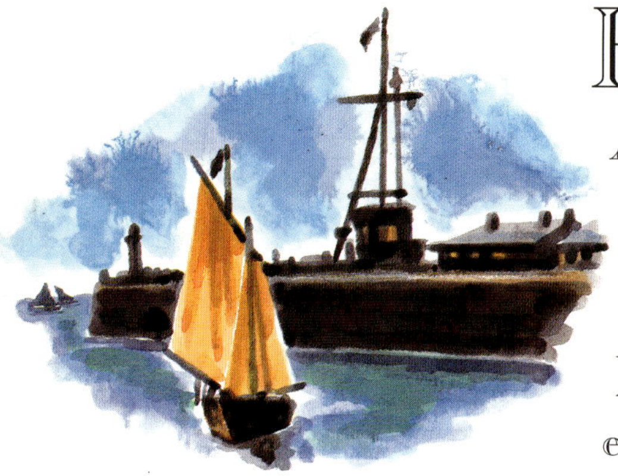

Enfance au bord de la mer

À quinze ans, Monet caricature ses professeurs et ses amis avec beaucoup de talent. Un marchand du Havre expose ses dessins, rapidement remarqués par le peintre Eugène Boudin, qui l'emmène peindre des paysages en plein air. Monet se rend compte que cet aspect de la peinture l'intéresse vraiment.

À l'école au Havre

Claude Monet voit le jour à Paris, en novembre 1840. Son père est épicier. Toute la famille habite dans un appartement au-dessus du magasin. Vers l'âge de 6 ans, Claude accompagne sa famille au Havre, un port de Normandie, dans le Nord de la France (ci-dessus). Son père y ouvre une nouvelle épicerie et Claude se rend à l'école locale.

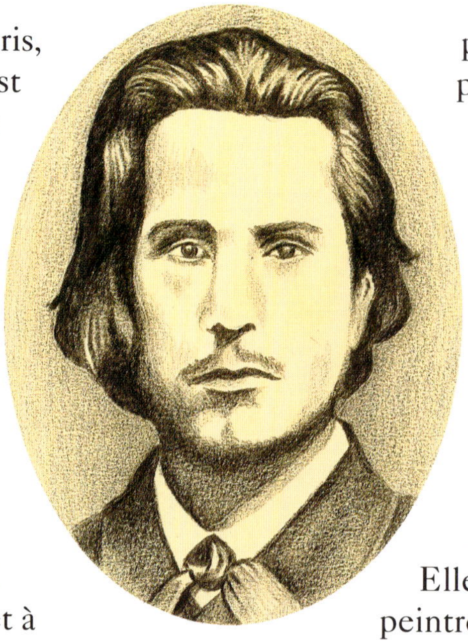

Claude est un enfant très vif, aux yeux étonnamment noirs et à l'épaisse chevelure sombre. Le travail scolaire l'ennuie, mais il bénéficie d'une grande popularité, en partie grâce aux caricatures très réussies de ses amis et professeurs. Le dessin est pour lui une véritable passion et, souvent, il noircit son carnet d'esquisses de pêcheurs et de bateaux du port. À l'école, son professeur d'arts plastiques, un peintre talentueux, l'encourage beaucoup. Rapidement, Monet parvient à vendre ses dessins à bon prix par l'intermédiaire d'un marchand de cadres du Havre. En 1857, il perd sa mère; il n'a alors que 16 ans. La famille s'installe chez Marie-Jeanne Lecadre, une tante de Claude qui vit aussi au Havre. Elle-même est peintre et connaît les artistes de la région. L'un d'eux, Eugène Boudin (1824-1898), ne peint qu'en plein air.

Boudin invite le jeune Monet à l'accompagner. Claude est fasciné: «Ce fut tout à coup comme un voile qui se déchire: j'avais compris, j'avais saisi ce que pouvait être la peinture, dira-t-il. Ma destinée de peintre s'était ouverte.»

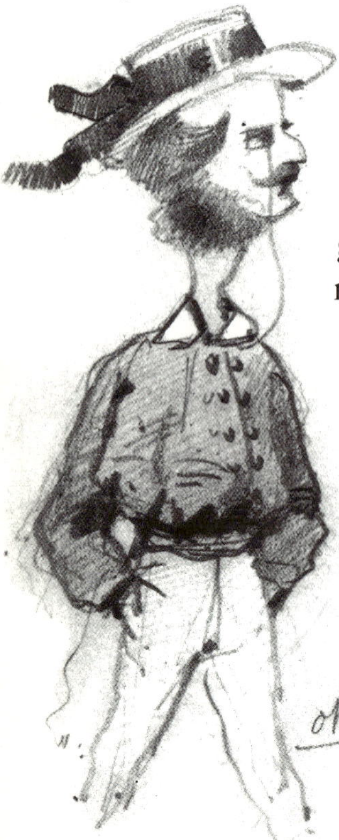

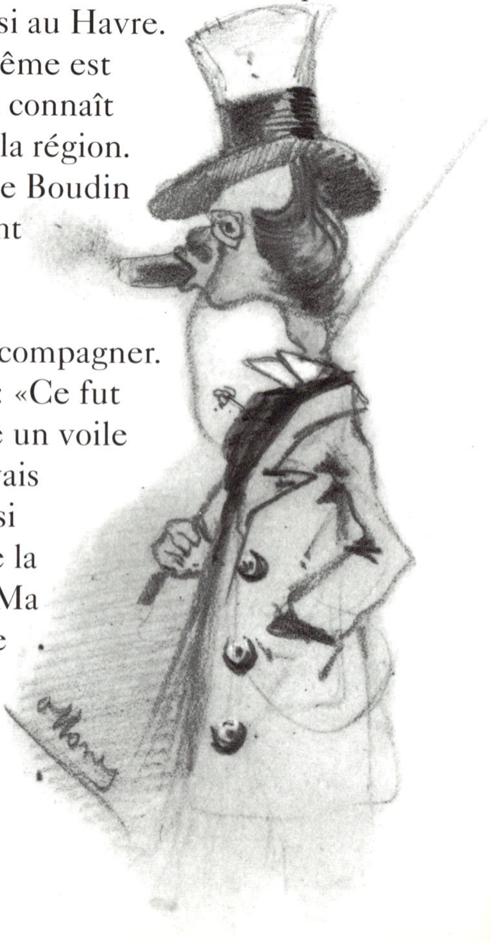

Élève, Monet réalise des caricatures de ses professeurs et d'habitants du Havre.

Il devient artiste

Au milieu du XIXe siècle, tout comme aujourd'hui, la plupart des artistes ont beaucoup de mal à joindre les deux bouts. Le père de Claude, très pragmatique, prévoit les problèmes que présage une carrière de peintre. Il sait qu'Eugène Boudin, l'ami de son fils, est désespérément pauvre.

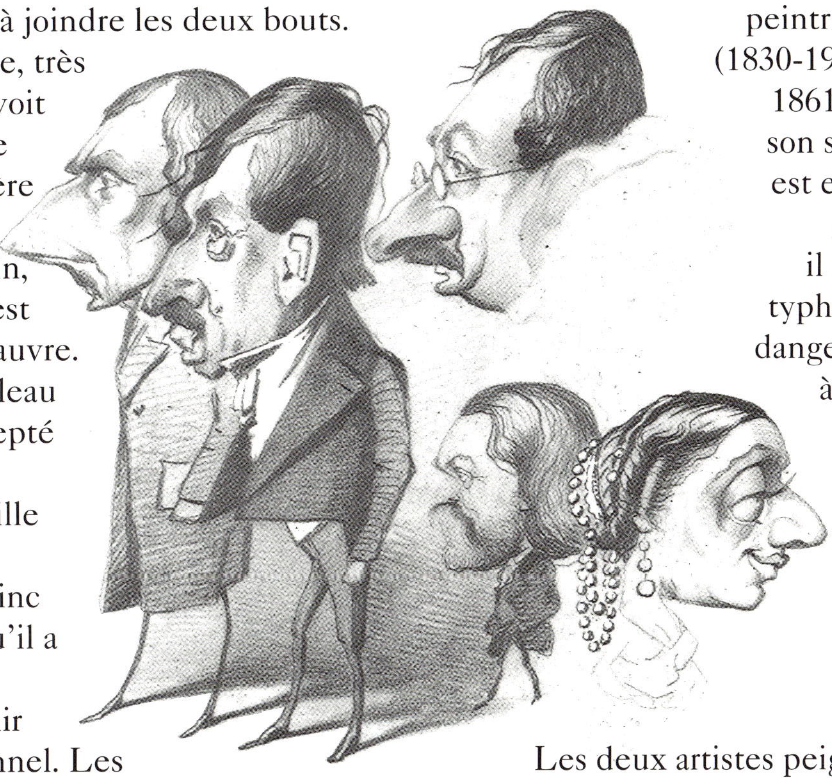

En 1858, un tableau de Monet est accepté à une exposition organisée par la ville du Havre. Cette expérience convainc le jeune artiste qu'il a suffisamment de talent pour devenir peintre professionnel. Les grandes écoles des Beaux-Arts se trouvant à Paris, Claude décide de s'y rendre, malgré les réticences de son père. Ainsi, à 18 ans, il fréquente l'Académie suisse, à Paris, une école d'art peu formelle.

C'est le début d'une longue amitié avec le peintre Camille Pissarro (1830-1903). Toutefois, en 1861, Monet doit faire son service militaire et est envoyé en Algérie.

L'année suivante, il contracte la fièvre typhoïde, une maladie dangereuse qui l'oblige à rentrer au Havre.

Il rencontre le peintre et aquarelliste néerlandais Johan Barthold Jongkind (1819-1891) avec lequel il se lie d'amitié.

Les deux artistes peignent en plein air. Durant l'été 1862, Monet décide de ne plus retourner en Algérie mais de rentrer à Paris pour étudier dans l'atelier du célèbre professeur d'art Charles Gleyre.

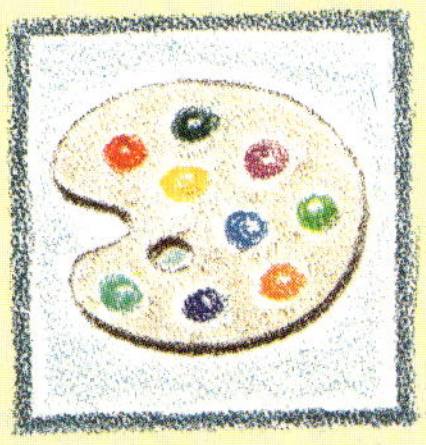

Caricatures

Une caricature est un dessin qui accentue certains traits ou aspects d'une personne. Il faut qu'elle soit ressemblante, afin que chacun puisse identifier la personne. Exerce-toi à cette technique. Pour commencer, réalise une esquisse précise de ton sujet. Quels sont ses traits les plus saillants ? Quels détails souhaites-tu mettre en valeur ? Par exemple, exagère la longueur du nez ou du menton, ou déforme la coiffure. Monet avait recours à une autre technique : il dessinait une tête énorme sur un corps minuscule. Essaie cette technique toi aussi.

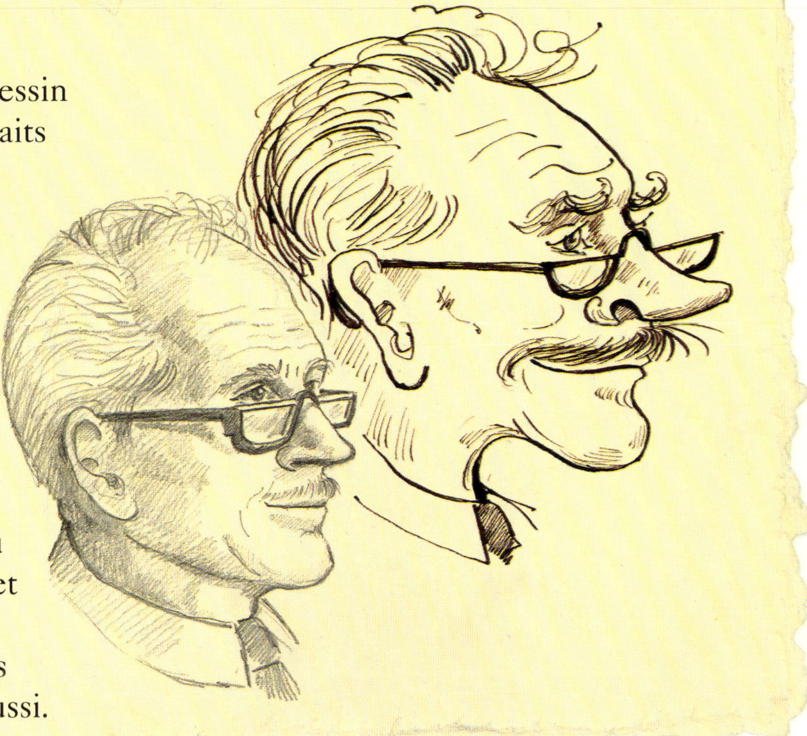

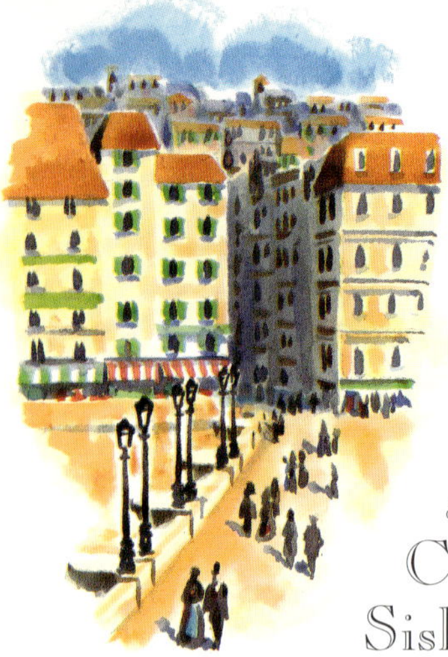

Jeunes artistes à Paris

Charles Gleyre est un peintre talentueux mais qui appartient à la «vieille école». Ses élèves apprennent beaucoup de lui, mais développent rapidement des idées nouvelles. Monet se lie d'amitié avec plusieurs autres élèves du cours qui l'influenceront fortement. Citons Pierre-Auguste Renoir (1841-1919), Alfred Sisley (1839-1899) et Frédéric Bazille (1841-1870).

Premiers succès

En 1864, Gleyre tombe malade et ferme son atelier. Monet retourne au Havre. À 24 ans, il vit pauvrement mais est heureux. En 1865, il expose deux de ses marines (paysages marins) au Salon, la célèbre exposition d'art à Paris. Une belle réussite pour un jeune peintre. Ce succès l'encourage à entreprendre un immense projet à l'extérieur pour le Salon de l'année suivante. C'est une scène de pique-nique, mélange de soleil lumineux et d'ombres tachetées. À court d'argent, il doit abandonner le tableau.

Étude pour *Le Déjeuner sur l'herbe,* réalisée en 1865-1866.

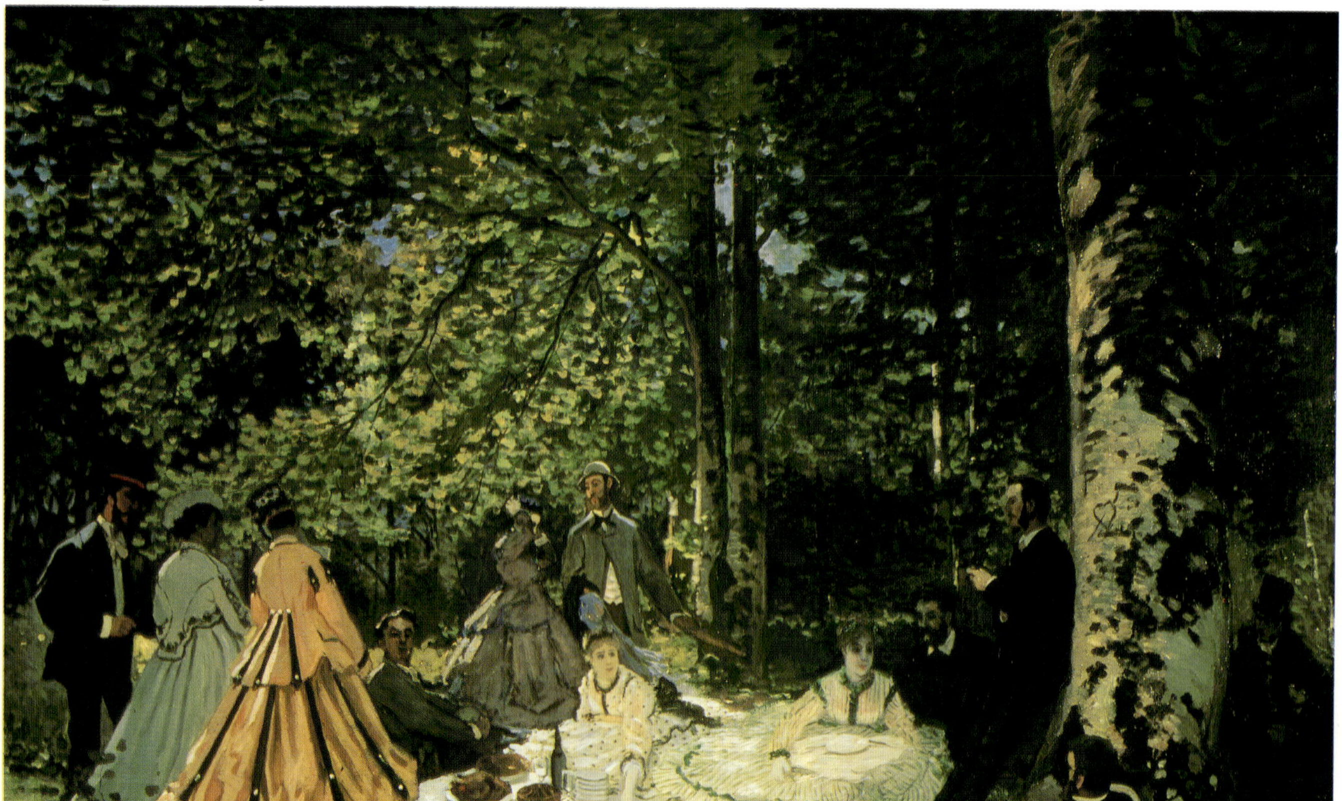

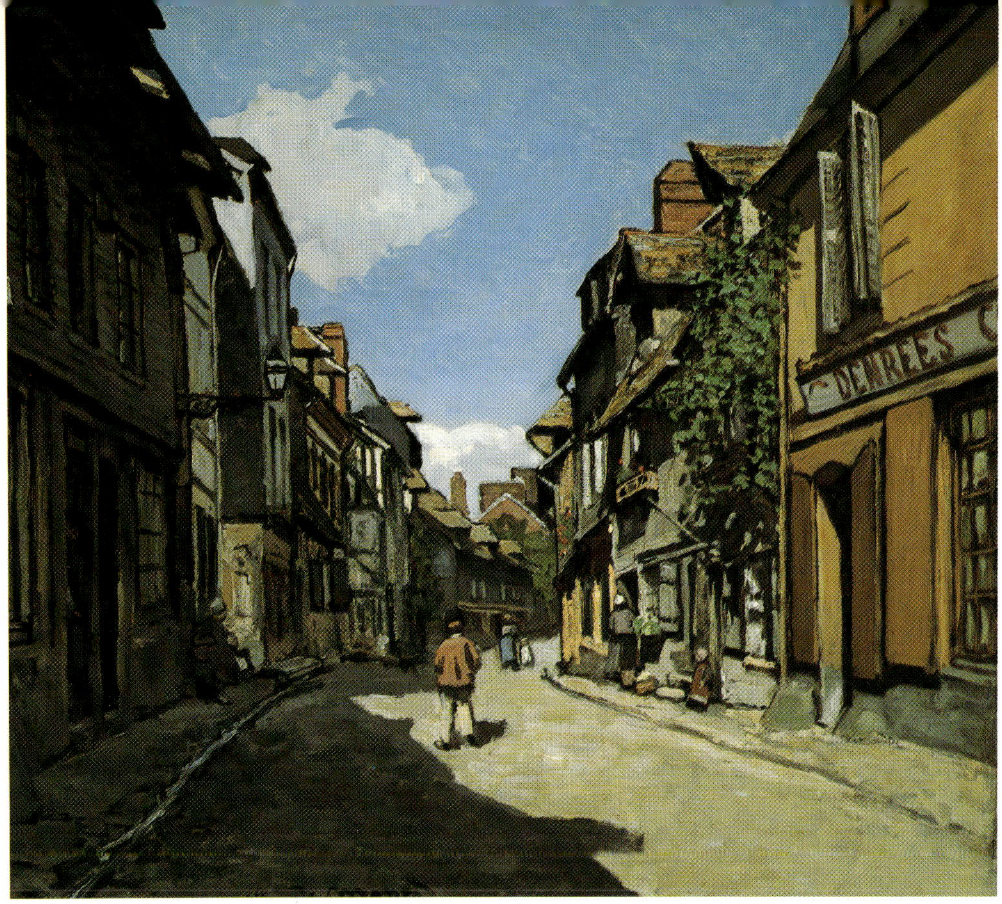

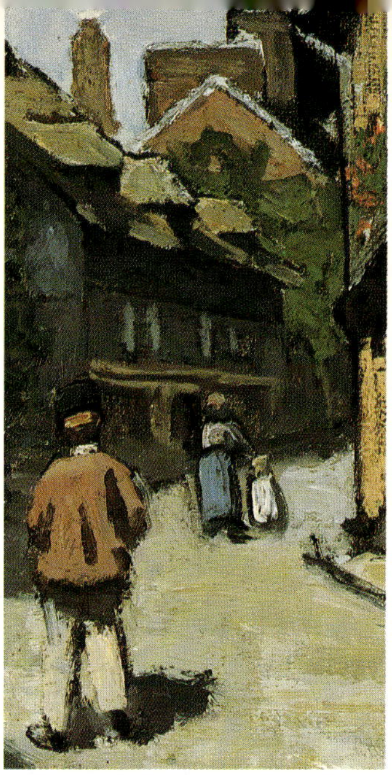

La Rue de la Bavolle à Honfleur, un port proche du Havre. En 1864, Monet peint différentes versions de cette vue.

Bien qu'il peigne en plein air, Monet compose ses tableaux avec grand soin. Les personnages du tableau contribuent à créer l'impression de profondeur.

Manque de fini

En travaillant avec Boudin et Jongkind, Monet apprend à connaître les effets de la lumière naturelle. Il découvre que pour reproduire l'ambiance et la lumière d'une journée ensoleillée, il doit travailler rapidement. Les toiles au goût de l'époque sont assez différentes. Souvent, elles représentent des scènes historiques reproduites minutieusement. Comparées à cela, les œuvres de Monet semblent inachevées.

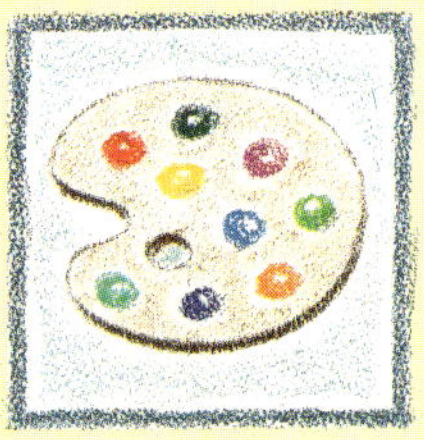

La perspective

La perspective permet de rendre une impression de profondeur. Elle repose sur le principe selon lequel les objets éloignés semblent plus petits. Les lignes qui sont parallèles dans la réalité, comme les toits des maisons de chaque côté d'une rue, semblent converger et se rencontrer en un point: le point de fuite. Tente de créer de la perspective en situant d'abord le point de fuite, puis en traçant des lignes qui partent de ce point, comme les rayons d'une roue.

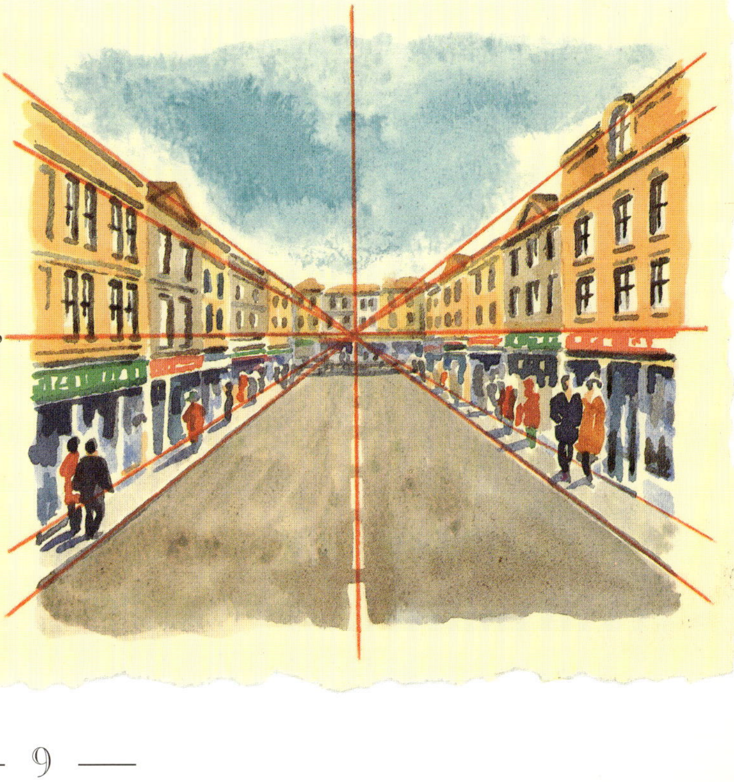

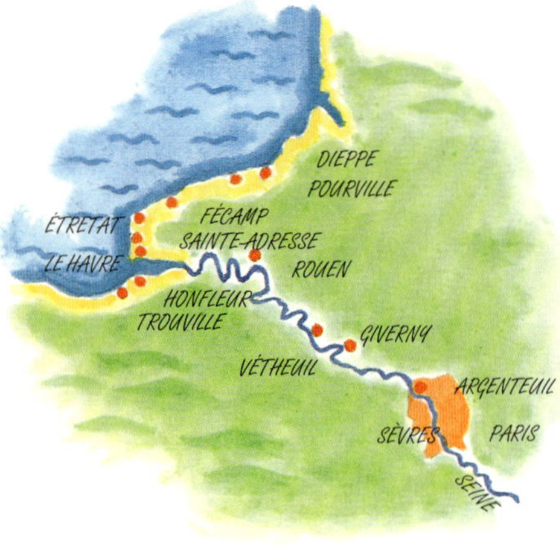

Camille

Monet ne parvient pas à terminer son « Déjeuner sur l'herbe », mais il est résolu à présenter un tableau au Salon de 1866. De retour à Paris, il réalise un portrait, « Camille » ou « La femme à la robe verte ». Cette toile, qui remporte un véritable succès, représente Camille Doncieux, le modèle du « Déjeuner sur l'herbe ».

Amour et argent

Monet tombe amoureux de Camille, 19 ans, et, rapidement, les jeunes amants décident de vivre ensemble. Lorsqu'Adolphe Monet, le père du peintre, découvre leur relation, il est furieux. À cette époque, en effet, il était scandaleux que deux personnes de sexe opposé vivent ensemble sans être mariées. Adolphe coupe les vivres à son fils et refuse de rencontrer Camille. Camille et Claude déménagent à Sèvres, sur la Seine, en dehors de Paris, puis au Havre. Ils sont très pauvres. Monet parvient à peine à acheter du matériel de peinture, mais bénéficie de l'aide de son ami Bazille et de sa tante.

***Terrasse à Sainte-Adresse*, 1866, illustre le père de Monet assis près de la tante de Claude.**

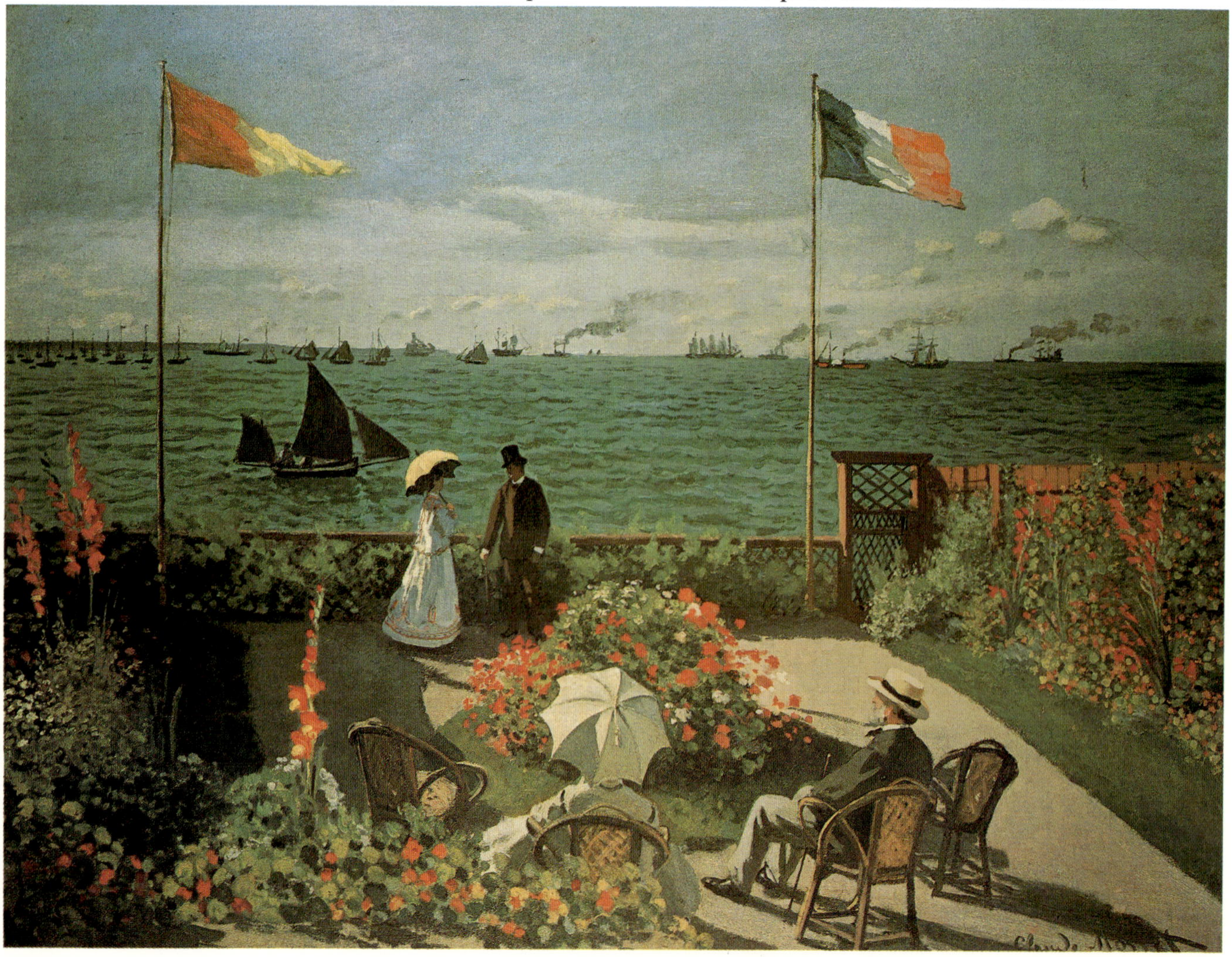

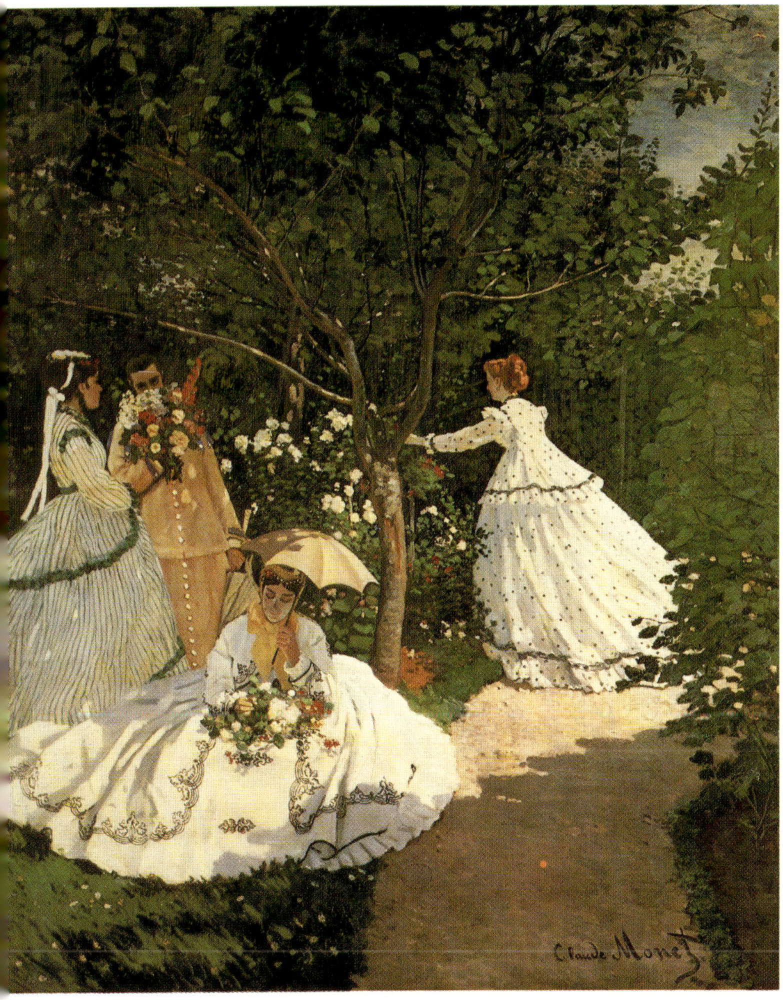

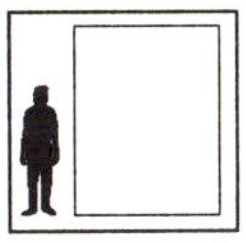

Les *Femmes au jardin* sont presque grandeur nature.

Peindre en plein air

À Sèvres, Monet travaille sur un autre projet ambitieux: un tableau représentant Camille prenant quatre poses différentes, éclairée par la lumière du jour.

Monet est déterminé à peindre l'ensemble de cette œuvre à l'extérieur, dans le jardin – et non dans un atelier, contrairement à ce que font la plupart des artistes de l'époque. La toile est si grande qu'il creuse une tranchée pour y poser la base afin de pouvoir en peindre la partie supérieure.

Mais *Femmes au jardin* est refusé au Salon de Paris en 1867, à la grande déception de Monet. Bazille, attristé par la pauvreté du peintre, décide de lui acheter le tableau. Il offre la coquette somme de 2 500 francs, qu'il règle à Monet par mensualités de 50 francs.

Dans *Femmes au jardin,* Monet explore le jeu de l'ombre et de la lumière. Ce tableau comprend l'étude d'un bouquet dans la lumière (à gauche) et dans l'ombre.

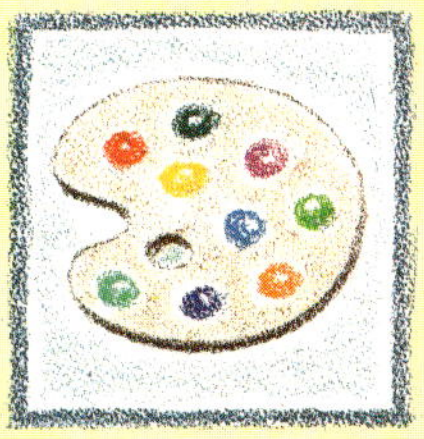

La couleur

Les six couleurs de base de la roue des couleurs sont divisées en deux groupes: les plus pures, le rouge, le jaune et le bleu, sont dites *primaires;* les couleurs *secondaires,* le vert, l'orange et le violet, sont obtenues à partir de deux couleurs primaires. Monet arrive à constituer des couleurs très sombres à partir de ces couleurs primaires.

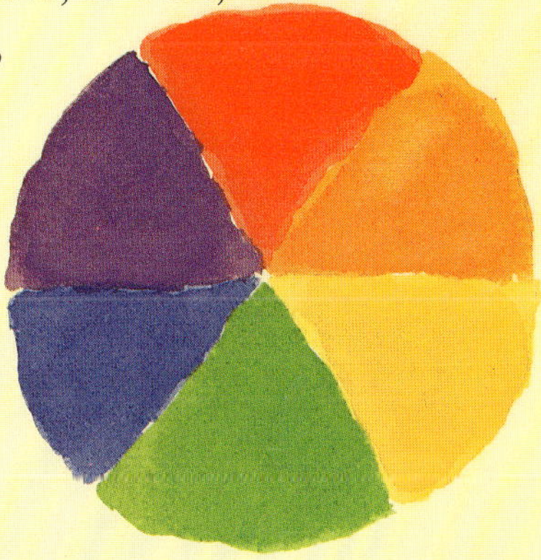

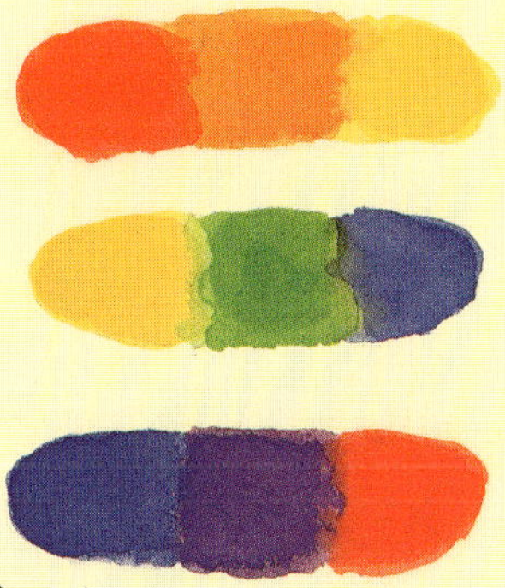

Essaie de composer les couleurs secondaires à partir des couleurs primaires. Puis représente une scène à partir des couleurs primaires.

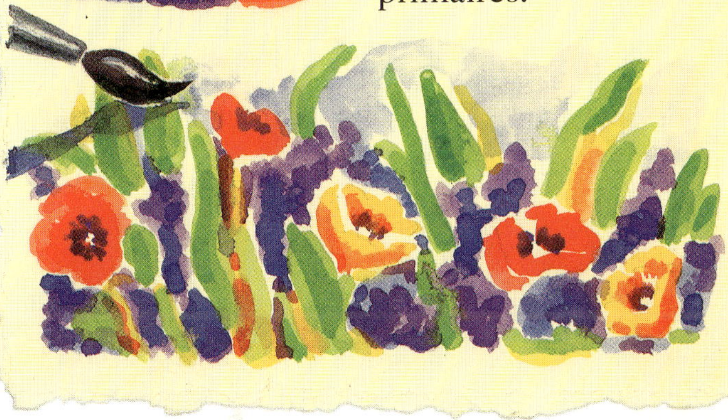

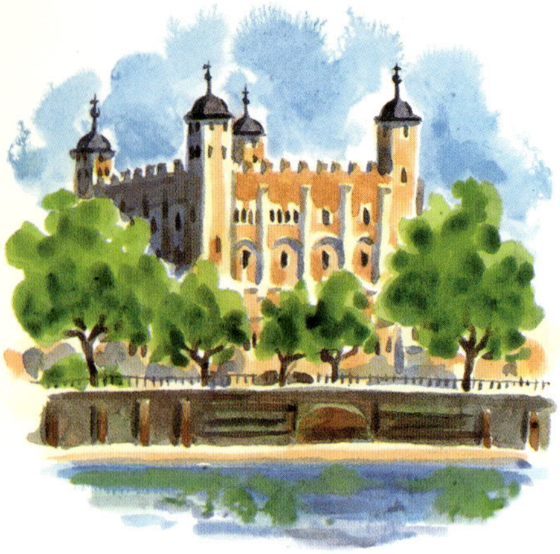

Fuir la guerre

Adolphe Monet refuse toujours de voir Camille, même lorsque celle-ci s'installe avec Claude au Havre. En 1867, Adolphe insiste pour que le couple se sépare. Claude envoie alors Camille à Paris, mais continue de la voir. En août naît leur premier fils, Jean. Claude va s'installer à Paris auprès d'eux.

La guerre éclate

Claude et Camille restent à Paris jusqu'à ce que des problèmes d'argent les forcent à retourner au Havre. Ils y passent des jours heureux, avec leur nouvelle petite famille. Monet continue à peindre avec beaucoup de ferveur et réussit même à vendre quelques tableaux.

En 1869, ils retournent à Paris. Au cours de l'été, Monet peint avec son ami Pierre-Auguste Renoir. Ensemble, ils visitent la Grenouillère, une baignade populaire sur les bords de la Seine, à Bougival. Ils reproduisent les reflets de la lumière sur l'eau.

L'année suivante, Monet épouse Camille à Paris. Mais la France est soudain précipitée dans le désordre lorsque l'empereur Napoléon III déclare la guerre à la puissante Prusse. Comme de nombreuses autres personnes, Monet quitte la France avec Camille et Jean de manière à ne pas devoir combattre sous les drapeaux. Ils se rendent à Londres (ci-dessus) où ils restent neuf mois. Au cours de ce séjour, le père de Monet meurt. Monet apprend aussi la mort au combat de son fidèle ami, Bazille. À la fin de la guerre, Monet et Camille se rendent aux Pays-Bas. En 1871, ils rentrent en France pour s'installer à Argenteuil, une petite ville sur la Seine, dans la banlieue parisienne.

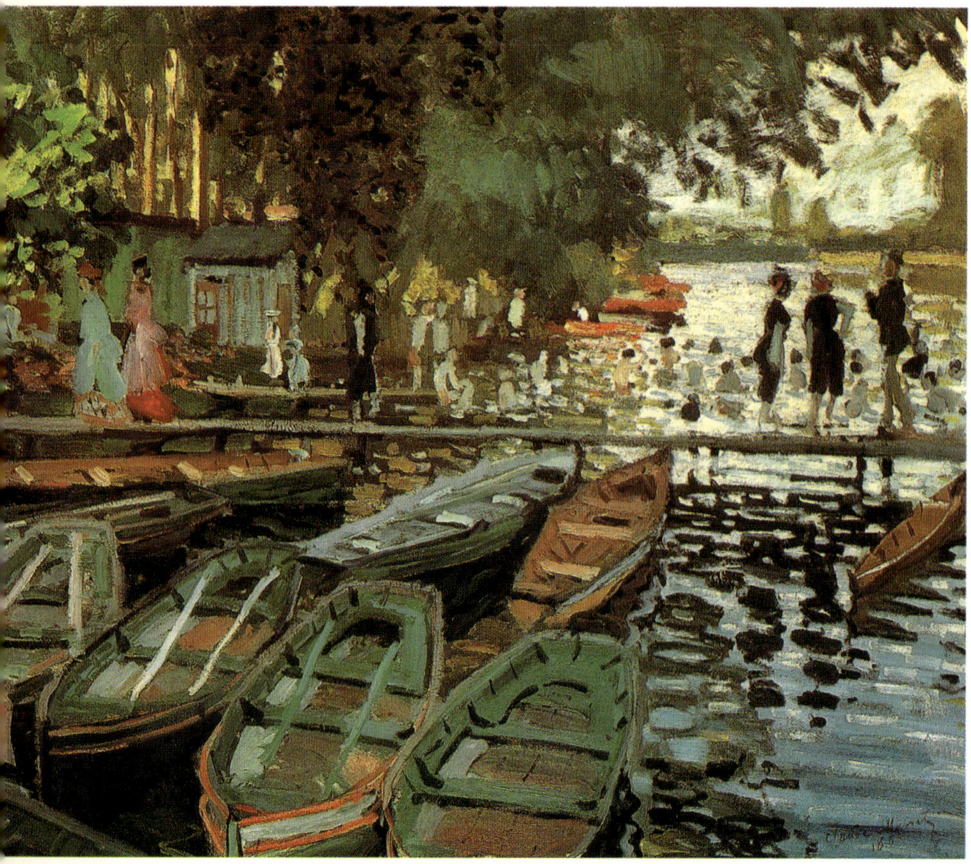

***Les Bains de la Grenouillère,* 1869. Les tableaux de Monet sur ce thème sont refusés au Salon de Paris.**

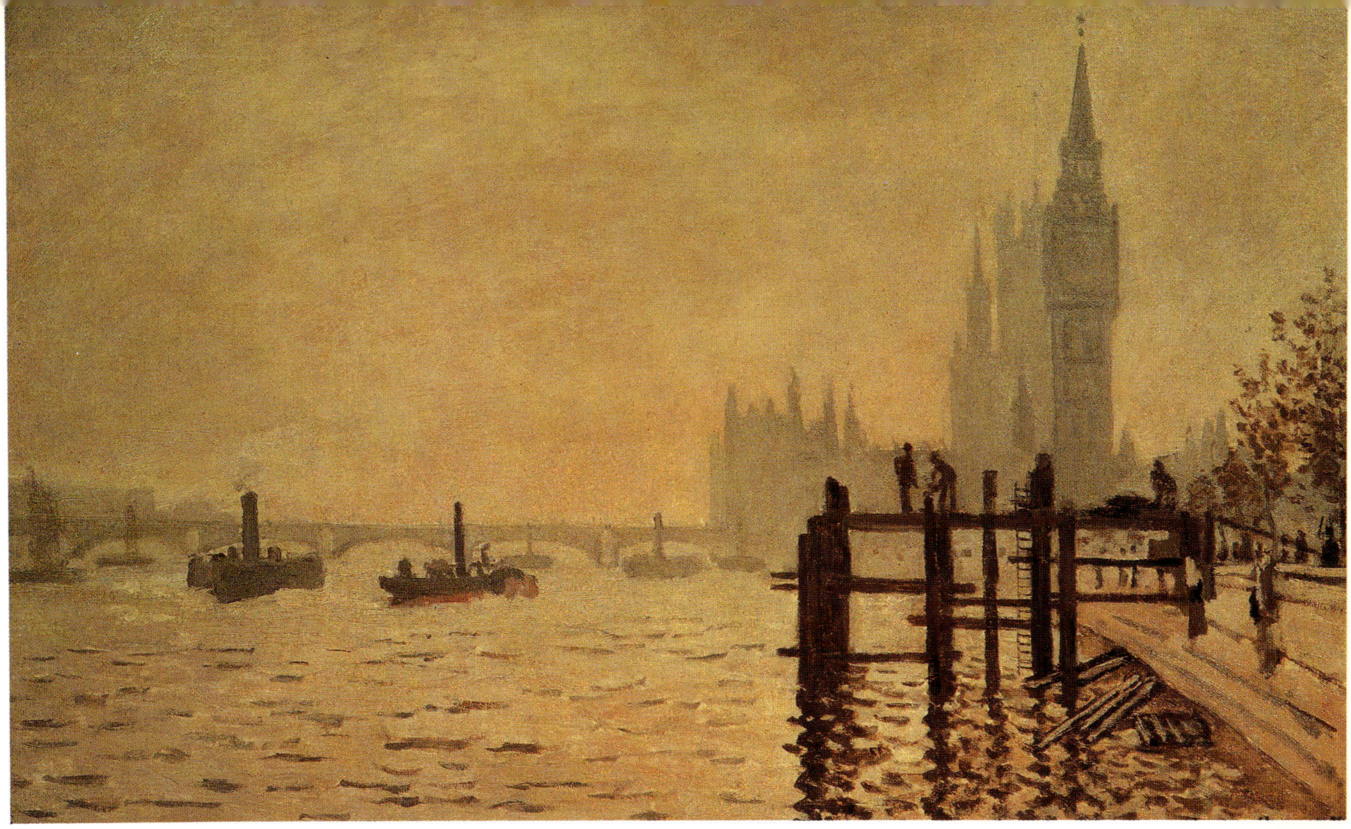

En 1871, Monet peint *La Tamise et le Parlement.*

Les personnages ou les objets à contre-jour apparaissent comme des silhouettes. Celles-ci ne sont pas peintes en détail, mais renforcent l'ambiance générale de la scène.

Images de Londres

Monet continue à peindre durant son exil, comme son ami Pissarro, qui est aussi à Londres à la même époque. Monet applique les techniques qu'il a mises au point avec Renoir pour rendre le jeu des reflets sur la Tamise. Il apprend à découvrir la beauté des paysages londoniens et à reproduire l'atmosphère brumeuse de la ville.

Profondeur et ton

Les objets paraissent plus petits lorsqu'ils sont éloignés (voir page 9). Par ailleurs, les objets éloignés sont plus clairs. Réalise un paysage à l'aide de différentes nuances de couleur, en commençant par un ciel pâle. Peins la partie la plus lointaine du paysage en gris clair. Puis utilise une nuance plus foncée pour peindre le premier plan, proche du spectateur. En utilisant progressivement des teintes plus claires à mesure que tu t'éloignes, tu créeras une illusion de profondeur.

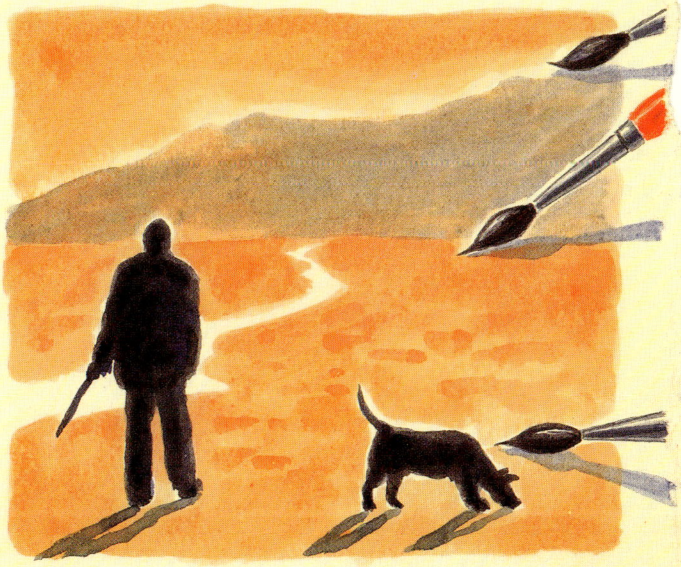

Naissance de l'impressionnisme

À Londres, Monet rencontre Paul Durand-Ruel, un marchand de tableaux. En 1872, Durand-Ruel, de retour à Paris, commence à vendre les toiles de Monet. Pourtant, Monet et les peintres de son cercle sont toujours rejetés par le Salon. Par réaction, ils organisent, en 1874, une exposition de leurs propres réalisations.

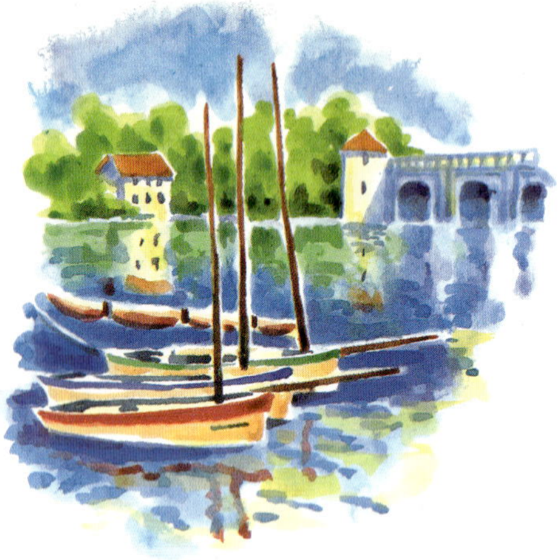

Première exposition impressionniste

L'exposition présente des œuvres de nombreux artistes qui allaient devenir mondialement célèbres, notamment Renoir, Pissarro et Sisley. À l'époque, pourtant, ces peintres n'ont aucun succès. Quelques critiques admirent le style nouveau, mais la plupart se moquent de ce que les artistes ont essayé de réaliser. Une peinture de Monet intitulée *Impression, soleil levant* suscite les commentaires d'un critique qui crée par dérision le terme «impressionniste». Le cercle de peintres adopte ce nom.

Impression, soleil levant, **1872. Monet représente le port à l'aide de traits rapides.**

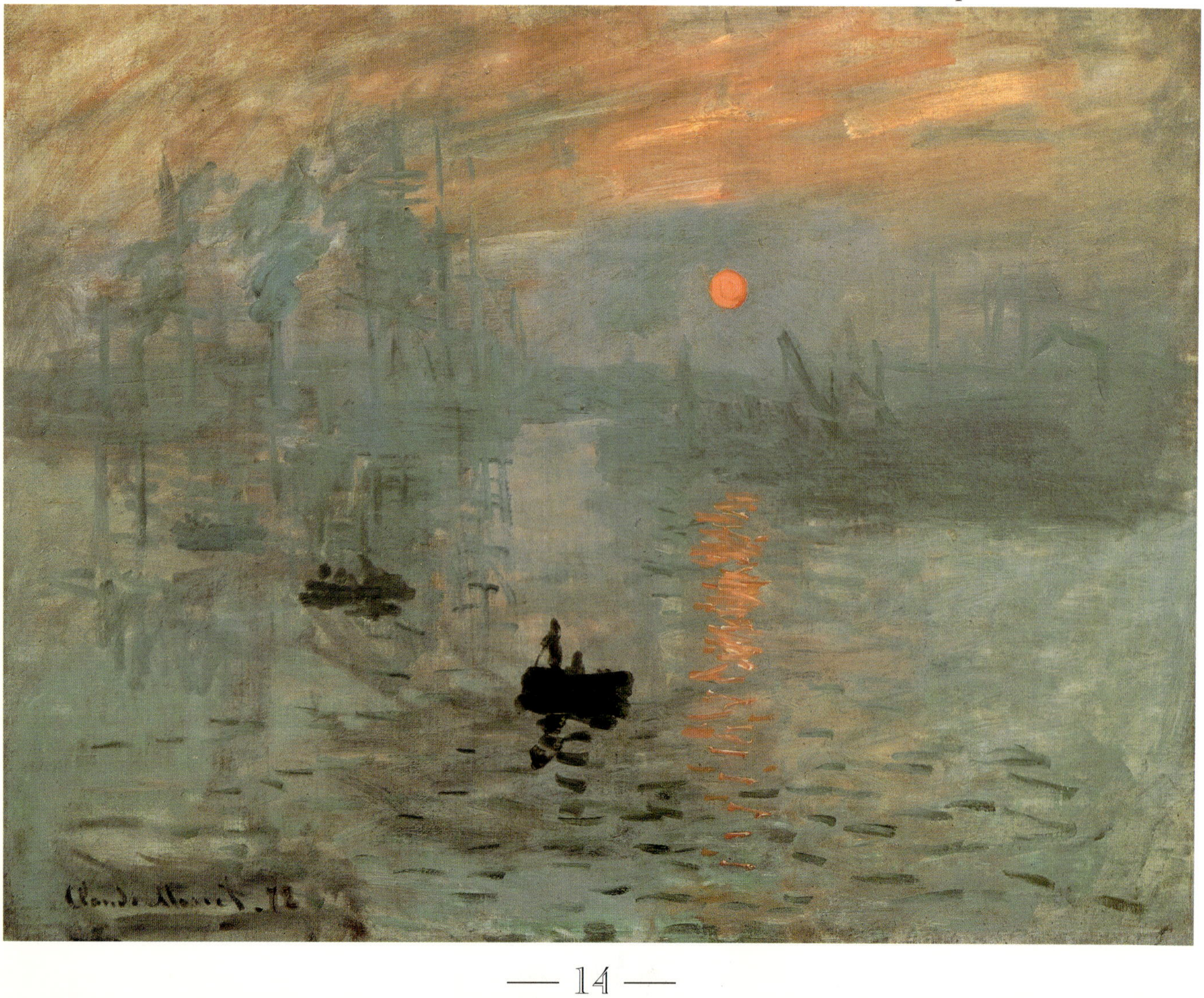

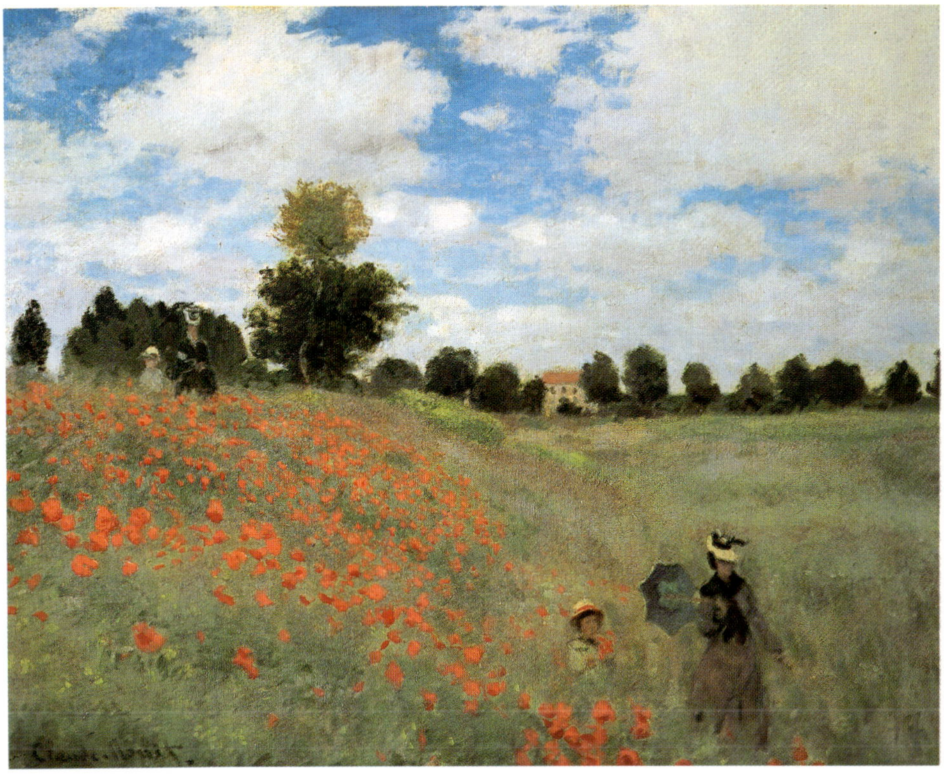

Le champ de coquelicots, peint en couleurs vives et pures, donne au tableau un charme étrange. Si les détails avaient été peints avec plus de précision, l'impression de mouvement et de chaleur aurait été perdue.

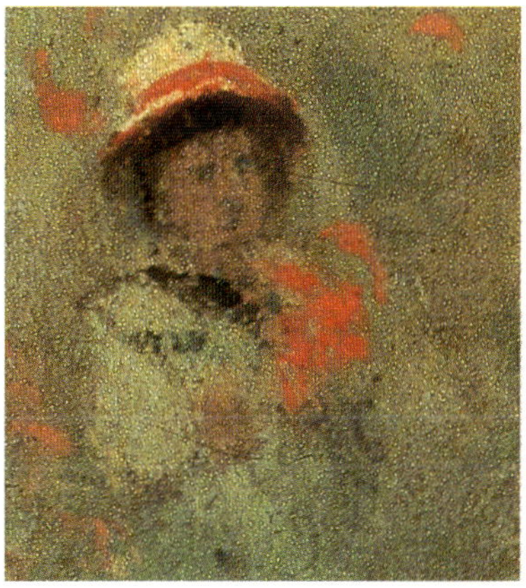

Les coquelicots, 1873, met en scène Camille et Jean.

Paix et beauté

Camille et Claude Monet passent des jours heureux à Argenteuil. Dans la jeune trentaine, Monet réalise des œuvres qui reflètent sa joie de vivre. Sa palette s'éclaircit; ses compositions deviennent plus audacieuses. Comme ses collègues impressionnistes, il est passé maître dans l'art de rendre l'atmosphère d'une scène, résolu à représenter l'impression d'un paysage à une heure particulière du jour.

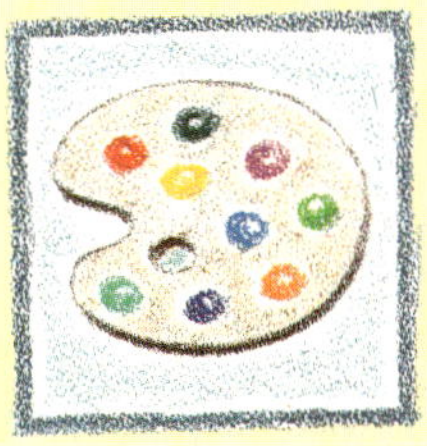

L'art impressionniste

À l'aide de peintures à l'eau ou de gouaches de couleurs vives, tu peux peindre à la manière des impressionnistes. Travaille à partir d'une photo ou en plein air, comme Monet. Essaie de ne pas salir ta palette. Travaille rapidement. Comme les impressionnistes, applique-toi à rendre l'impression générale de ce que tu vois, et non à peindre une image détaillée. Peins par petits coups de pinceaux rapides, même si tu peins des sujets assez grands. Place les bandes de différentes couleurs à proximité les unes des autres pour donner l'impression d'une lumière chatoyante.

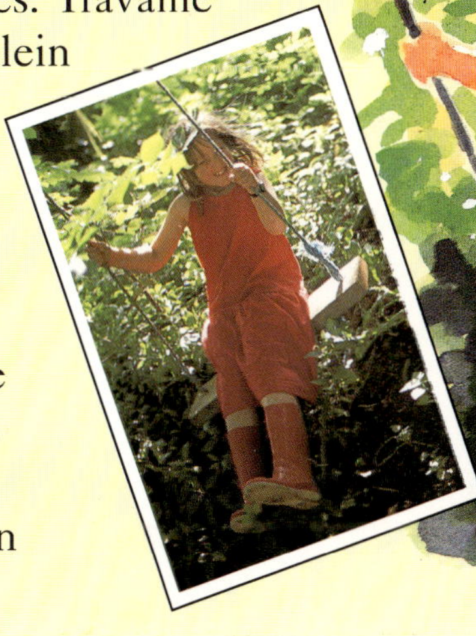

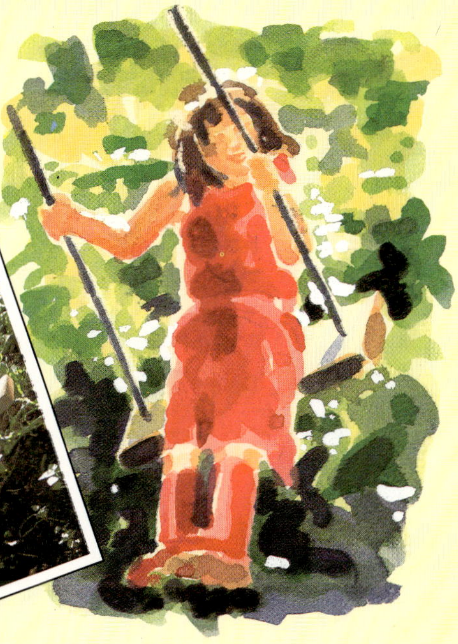

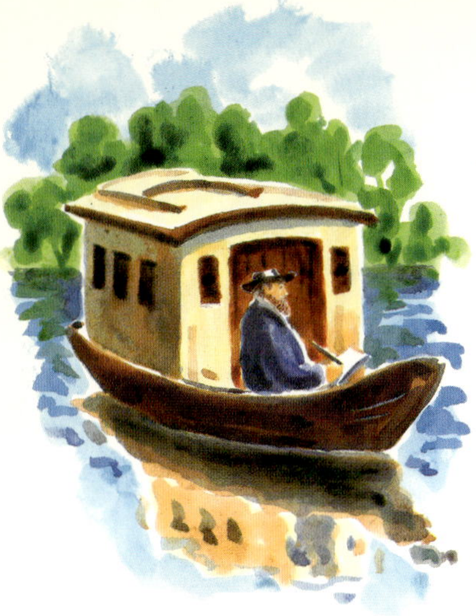

Mécénat et misère

Au cours des années suivantes, les impressionnistes organisent d'autres expositions, mais aucune n'est couronnée de succès. Tous doivent se battre pour survivre. En 1876, Monet trouve un riche mécène pour le soutenir, un collectionneur d'art appelé Ernest Hoschedé. Mais, en 1878, un malheur frappe le peintre.

Période difficile

Ernest Hoschedé est passionné d'art. Grâce au soutien de ce mécène, Monet peut poursuivre les projets qui l'intéressent, comme ses études de la gare Saint-Lazare, une gare de Paris. En 1878, pourtant, Ernest Hoschedé est ruiné. En mars, Camille donne naissance à leur second fils, Michel. Les Monet vivent très pauvrement. Ils déménagent vers un logement moins onéreux à Vétheuil, sur la Seine. Là, la famille Hoschedé les rejoint avec ses six enfants.

Monet continue à peindre, souvent à bord de son bateau-atelier (ci-dessus) sur le fleuve. Bien que soutenu par des artistes plus à l'aise, il est au bord du désespoir. Au cours de l'hiver 1878-1879, sa famille a froid et faim. Camille tombe malade et Monet ne peut lui acheter de médicaments. En 1879, l'état de santé de Camille s'aggrave. Alice, l'épouse d'Ernest Hoschedé, prend grand soin de Camille, qui finit par mourir en septembre. À l'âge de 38 ans, Monet confesse: «Je suis consterné de me voir seul avec mes pauvres enfants.»

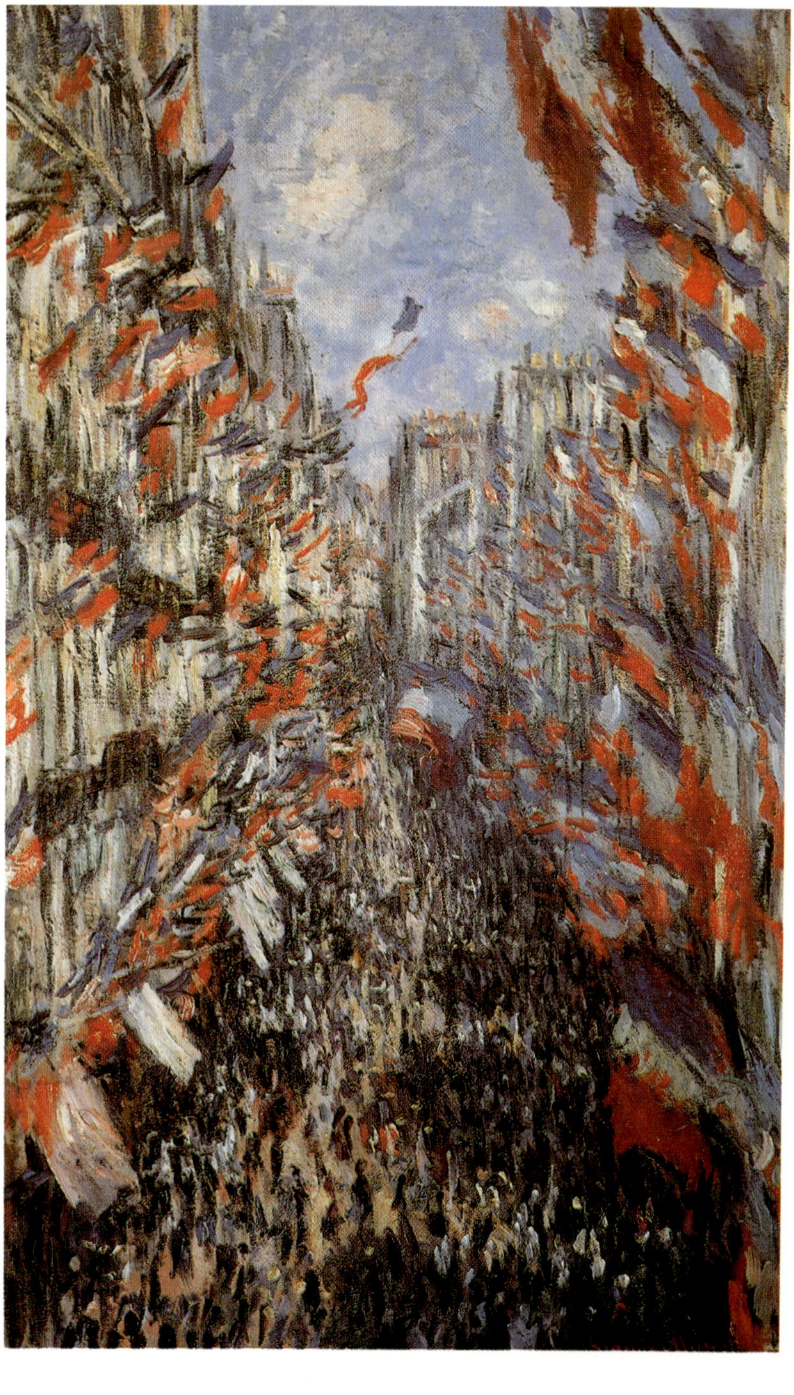

La joyeuse atmosphère de la *Rue Montorgueil, fête du 30 juin 1878, Paris* contraste avec les tristes circonstances de la vie de Monet.

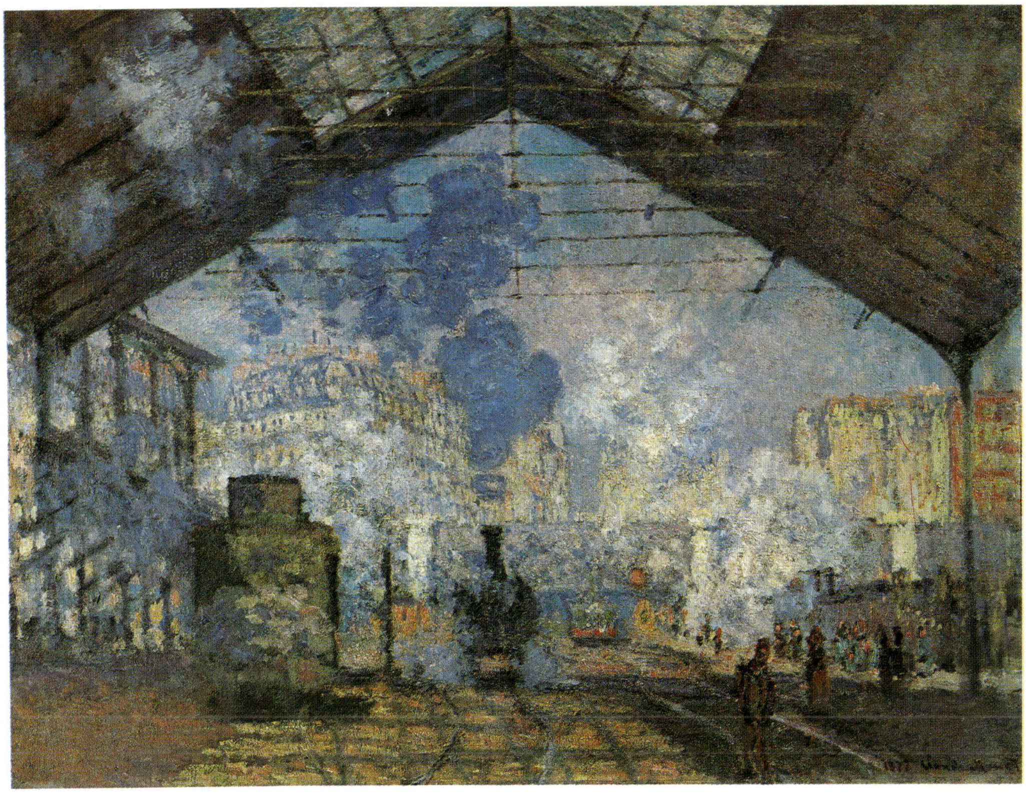

L'écrivain Émile Zola admirait les scènes de chemin de fer de Monet: «On y entend le grondement des trains qui s'engouffrent, on y voit des débordements de fumée qui roulent sous les vastes hangars.»

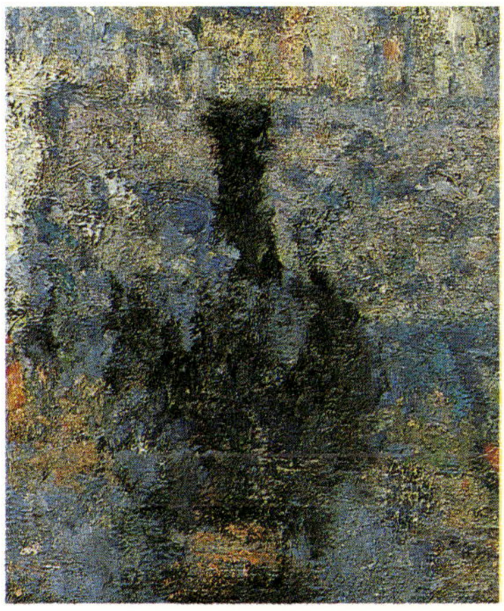

***La Gare Saint-Lazare,* réalisée en 1877.**

Machines à vapeur

Monet peint une série de douze études de la gare Saint-Lazare, une réaction éclatante aux paysages de l'époque industrielle. Il offre là des portraits énergiques du monde de la machine à vapeur, bruyante, sale et agitée, mais aussi passionnante. Monet démontre que la technique des impressionnistes peut s'appliquer à des sujets urbains.

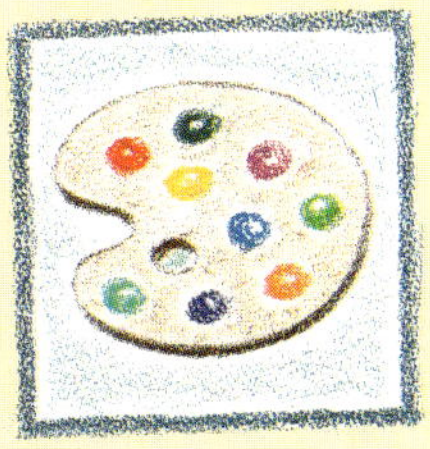

Peindre l'industrie

Les thèmes retenus pour une toile ne doivent pas être obligatoirement beaux, dans le sens conventionnel du terme; de l'activité d'une rue en ville ou même des usines peuvent émaner une grande énergie et une puissance fascinante. Essaie de représenter un paysage urbain à l'aide de pastels, qui conviennent bien pour représenter la brume et la fumée. Dessine une cheminée qui crache de la fumée blanche dans un ciel sombre. Ajoute des touches de couleur puis mélange avec ton doigt.

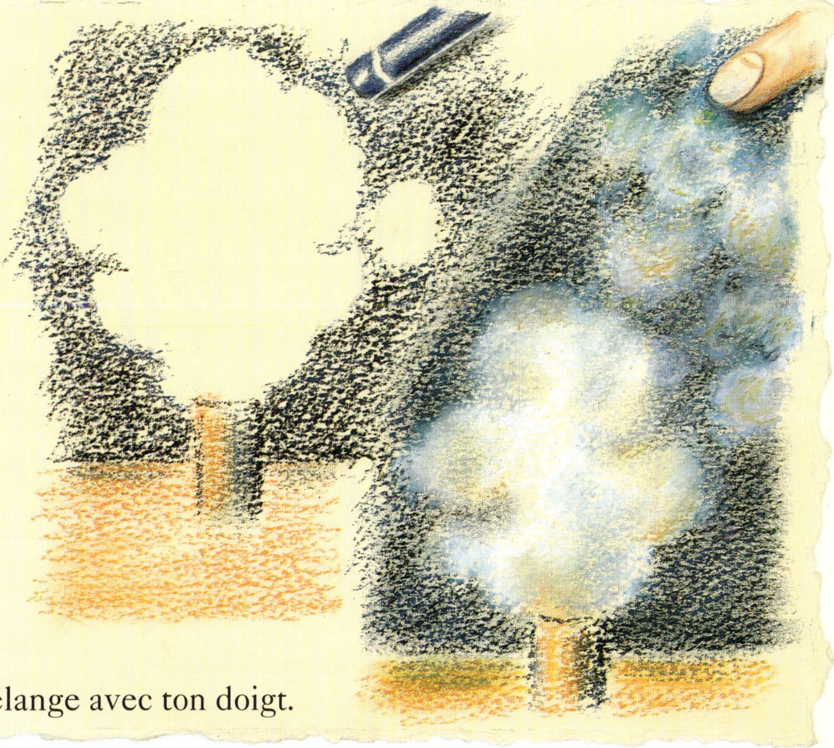

Le réconfort d'Alice

Après la mort de Camille, Monet reste à Vétheuil (à droite), mais il se sent désemparé. La présence d'Alice Hoschedé le réconforte. Au début des années 1880, la peinture de Monet commence à connaître du succès, tandis que grandit son amour pour Alice. C'est un tournant dans la vie de Monet.

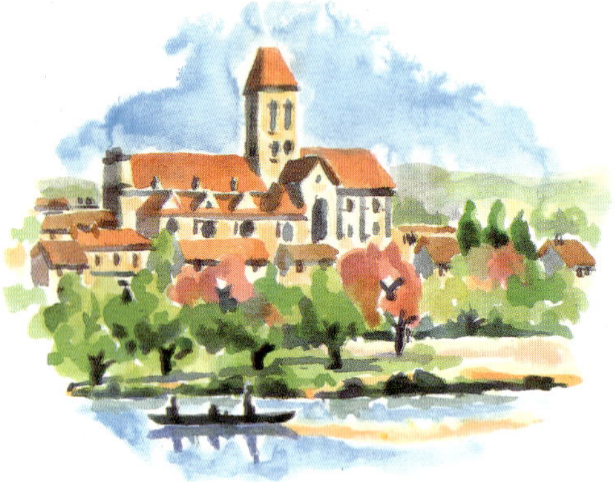

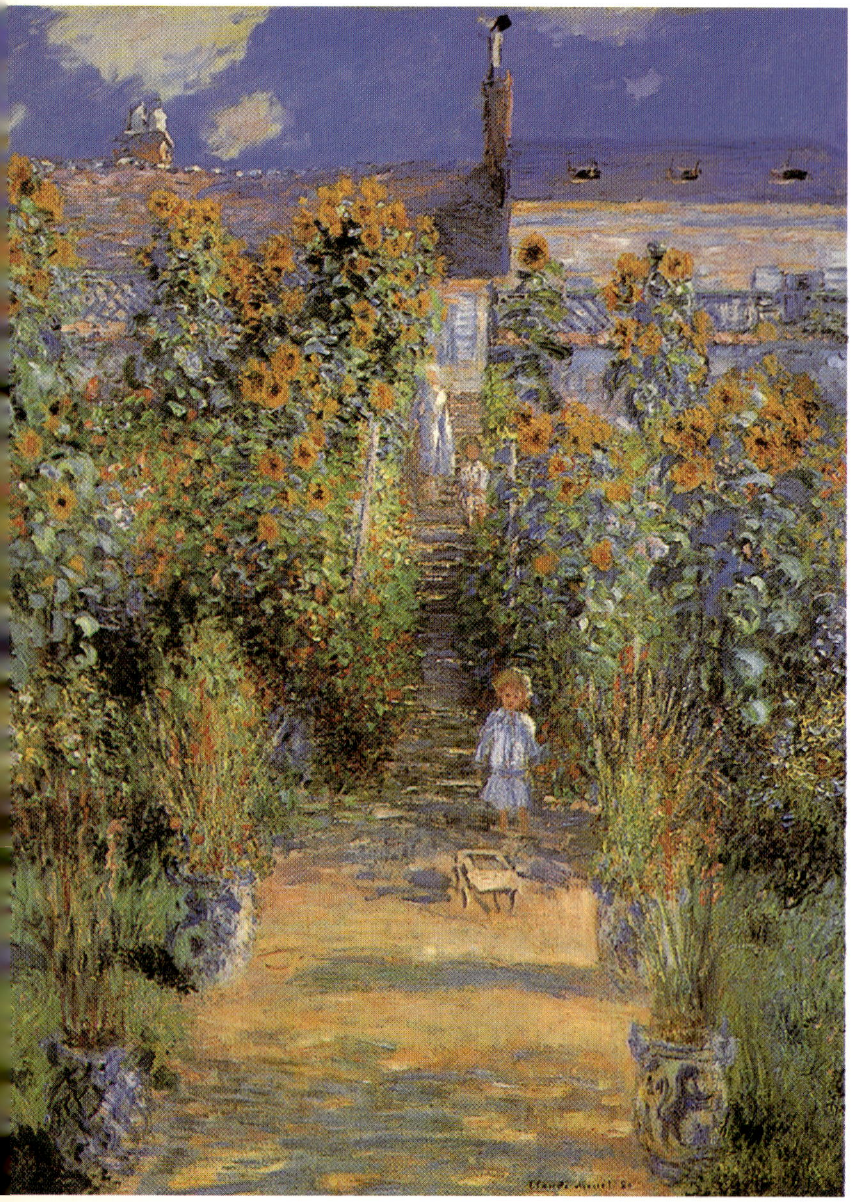

***Le jardin de l'artiste à Vétheuil,* réalisé en 1880. Monet est passionné de jardinage. Il utilise souvent des personnages (des membres de sa famille) comme point de mire de ses compositions.**

Marines et scandale

En 1879, les impressionnistes organisent leur quatrième exposition, mais Monet est épuisé et y contribue peu. À partir de ce moment-là, il s'éloigne peu à peu du groupe.

En 1880, une revue intitulée *La Vie Moderne* propose d'organiser une exposition particulière de l'œuvre de Monet. Au cours d'une interview préalable, on demande au peintre où se situe son atelier. Et celui-ci de répondre d'un geste ample vers la Seine: «Voici mon atelier.» Comme l'illustre la carte de la page 10, Monet a passé la majeure partie de sa vie dans les environs de la Seine, son inspiration permanente.

Le marchand de tableaux Paul Durand-Ruel croit que des œuvres ayant pour thème la mer et le littoral pourraient devenir populaires. En 1881, il envoie l'artiste à Étretat (près du Havre). Et, en effet, les peintures de Monet commencent à bien se vendre.

En décembre, Monet quitte Vétheuil pour Poissy, toujours sur la Seine. Alice quitte son mari pour rejoindre Monet avec ses six enfants, un geste que désapprouvent leurs amis. C'est une attitude très choquante, à l'époque, pour une femme mariée...

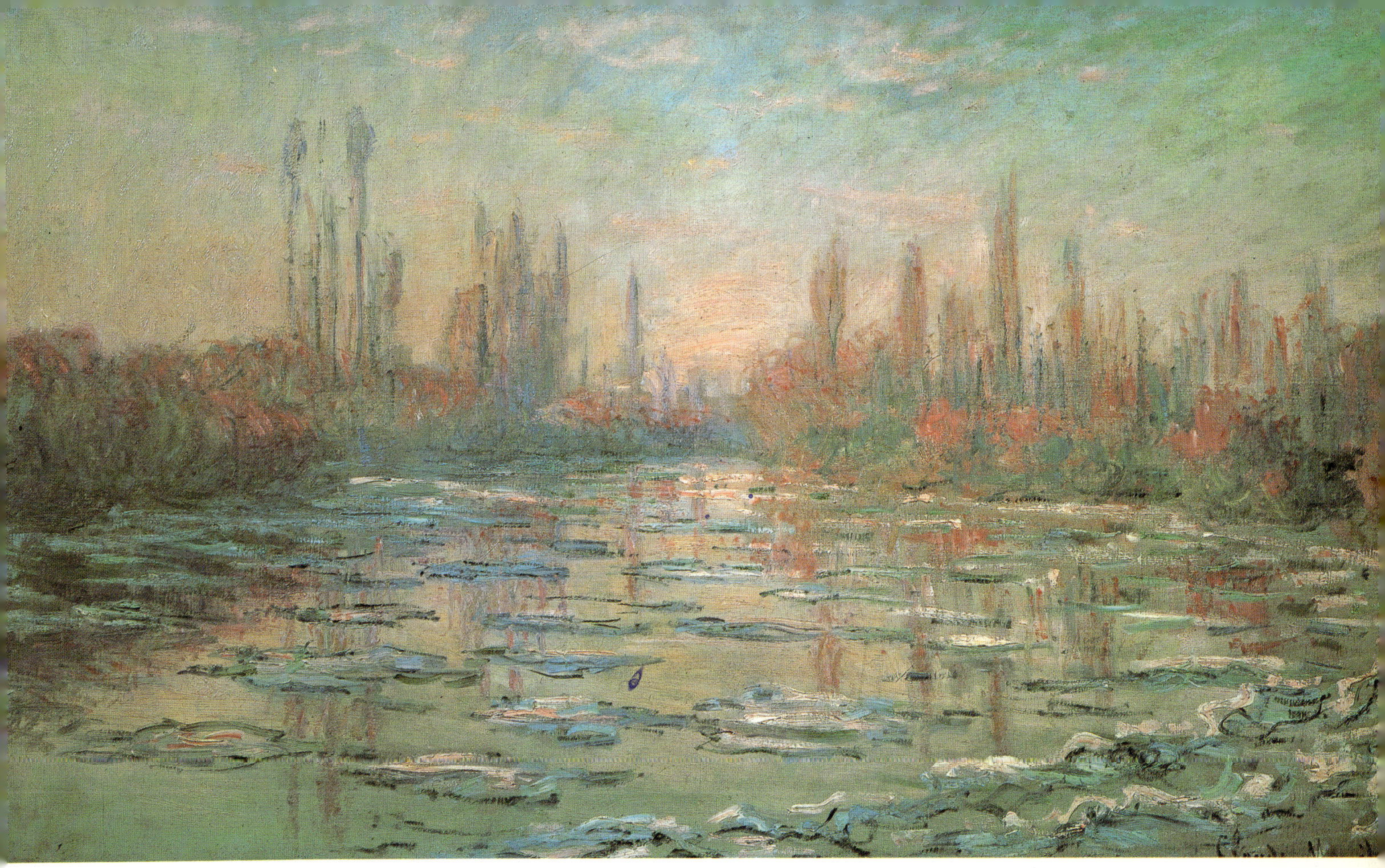

***Les glaçons,* 1880, illustre des blocs de glace à la dérive sur la Seine lors du dégel.**

Des hivers rudes

Entre 1878 et 1880, le Nord de la France connaît deux hivers particulièrement rudes. Mais, pour Monet, la neige et la glace présentent un nouveau défi: reproduire la lumière d'hiver et les tons sombres du paysage – même si cela l'oblige à passer de longues heures sous des températures glaciales. La désolation qui émane de ces paysages semble en accord avec l'état d'esprit de l'artiste.

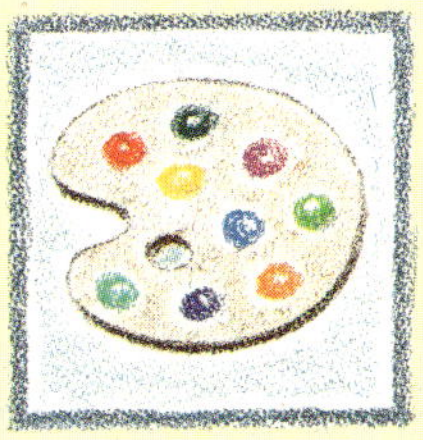

Neige et givre

Pour représenter des flocons de neige, prends une bougie et allume-la. Incline-la de manière à faire tomber des gouttes de cire sur ta feuille de papier. Lorsque tu peindras ton paysage, la peinture glissera sur la cire, et tu obtiendras des flocons. Pour représenter des arbres dénudés, utilise un pinceau sec pour faire ressortir le contour des branches tant que le fond est humide. L'effet du givre sur l'herbe sera facilement obtenu en grattant la feuille de papier à l'aide d'une lame de cutter (la peinture doit être sèche).

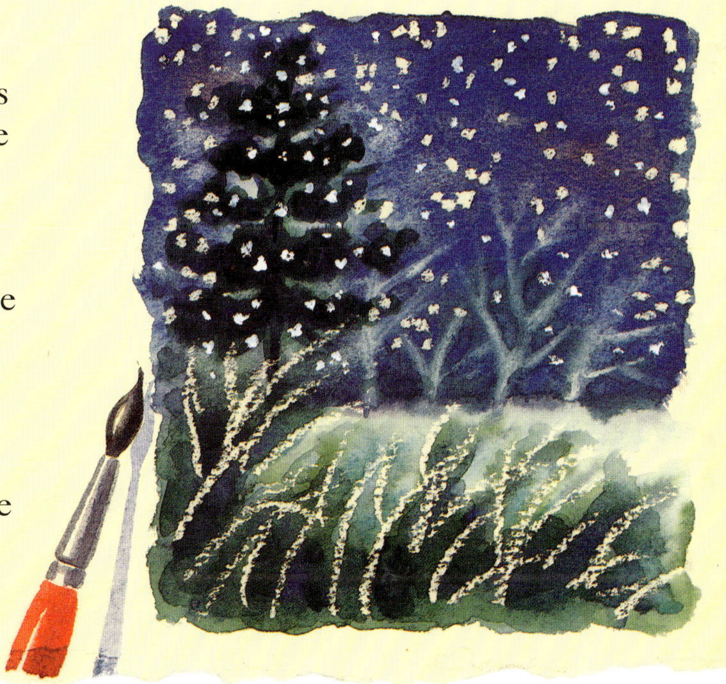

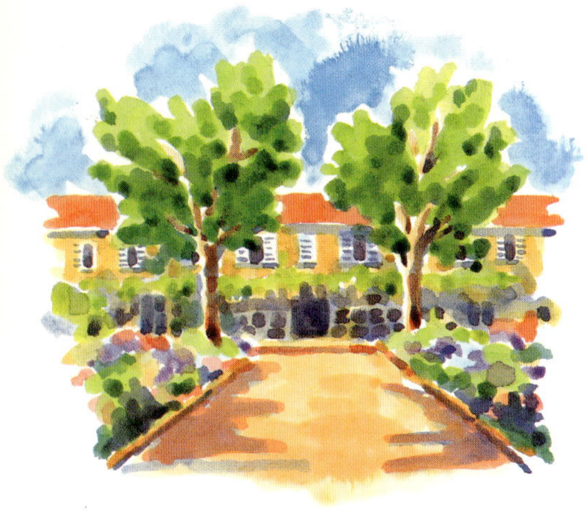

Giverny

Au printemps 1883, Monet est à la recherche d'une nouvelle maison où vivre avec Alice et leurs huit enfants. Il déniche une vieille ferme à Giverny, dans un petit village du Nord de la France, au confluent de l'Epte et de la Seine. Il y vivra pendant plus de quarante ans.

Le site idéal

Quand Monet voit Giverny pour la première fois, les vergers sont en fleur. Des rangées de peupliers projettent leurs longues ombres dans l'eau, et le paysage est entouré de petites collines. C'est le paysage impressionniste parfait. «Une fois installé, j'espère produire des chefs-d'œuvre, parce que la campagne me plaît beaucoup», écrit Monet à Paul Durand-Ruel, qui finance le déménagement.

L'artiste s'applique d'emblée à aménager le jardin. Cela devient une passion pour lui. Il établit son atelier dans une grande grange et fait venir ses quatre bateaux sur l'Epte, y compris son vieux bateau-atelier.

Monet passera à Giverny des années heureuses et fructueuses. Il se lève très tôt et veille tard afin de profiter au maximum de la lumière de l'aube et du crépuscule.

Il retourne régulièrement sur le littoral à Étretat. En 1886, il visite Belle-Île, au large de la Bretagne. À cet endroit, un critique d'art le décrit comme un homme rude au teint hâlé, portant de lourdes bottes, vêtu d'habits sobres, un béret de marin sur la tête, une pipe en bois sortant d'une barbe épaisse et montrant un fin profil et des yeux intelligents.

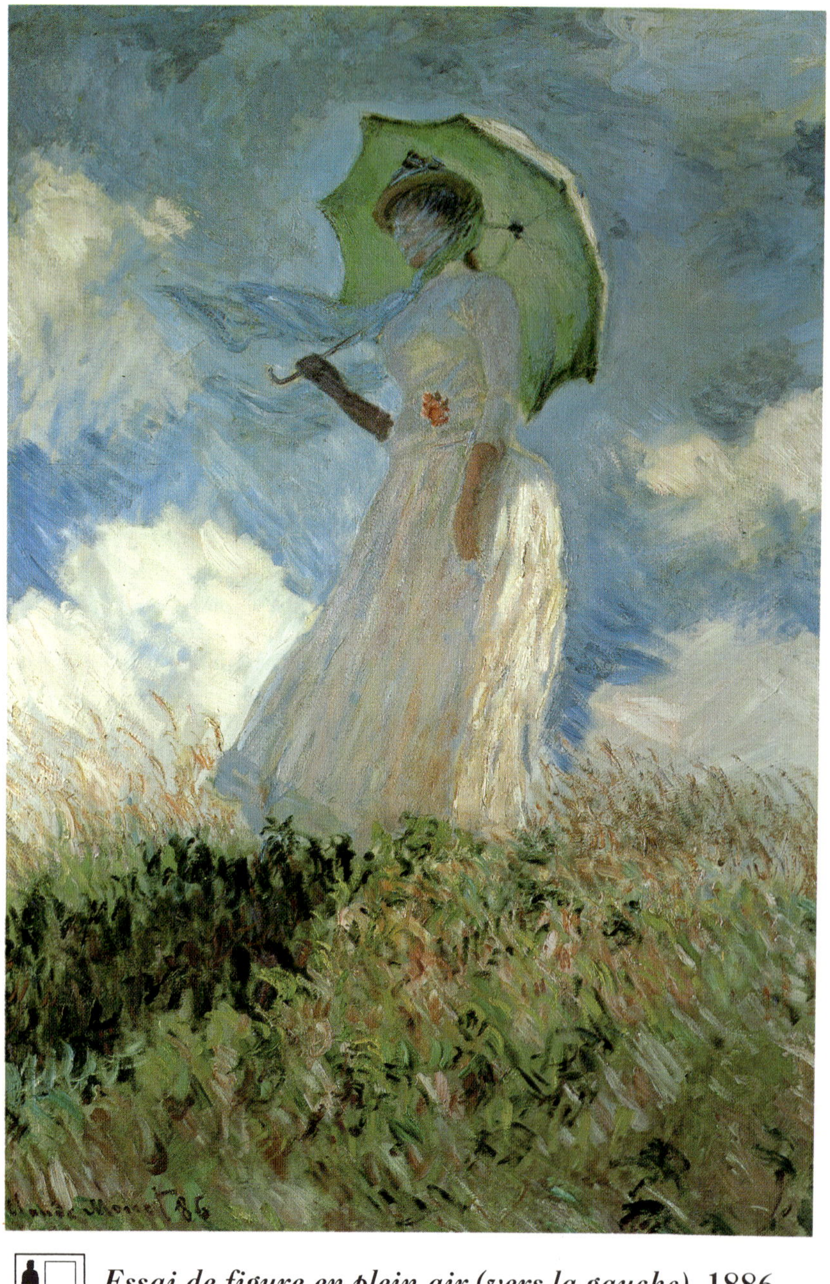

***Essai de figure en plein air (vers la gauche),* 1886.**
La femme à l'ombrelle était l'un des thèmes favoris de Monet quand Camille vivait encore.

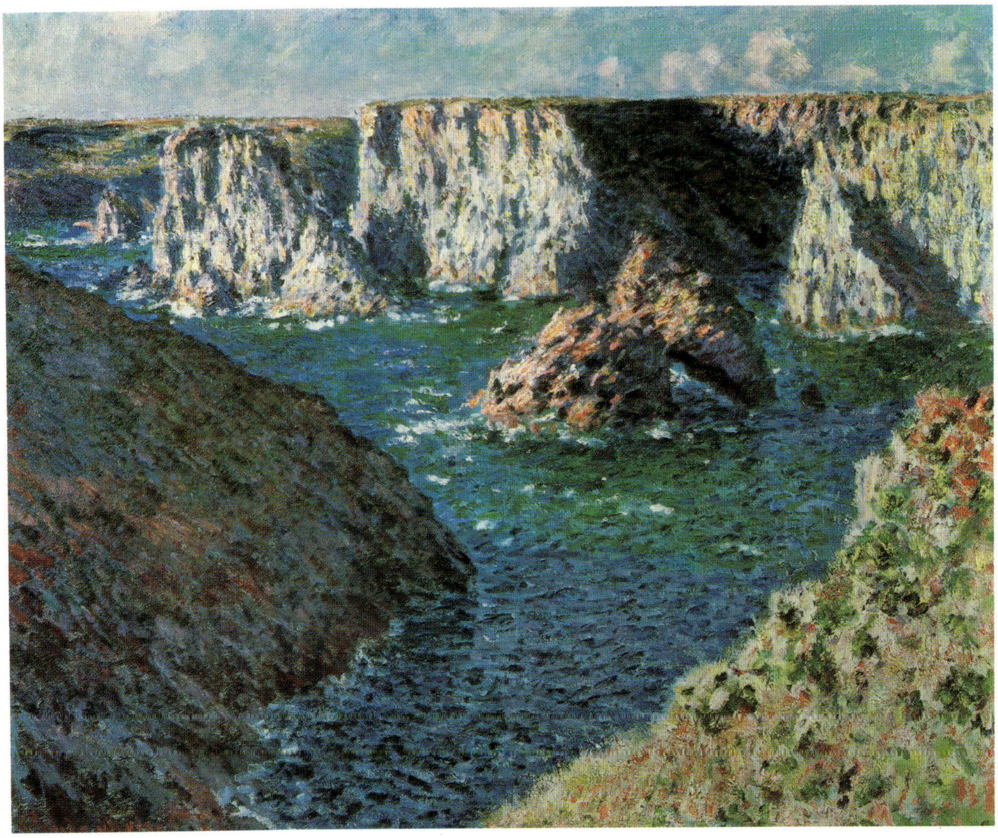

Monet réalise quelques-uns de ses plus beaux tableaux à Belle-Île. À l'aide de coups de pinceau rapides et interrompus, il parvient à reproduire sous un ciel couvert la puissance de la mer qui se précipite inlassablement contre les rochers.

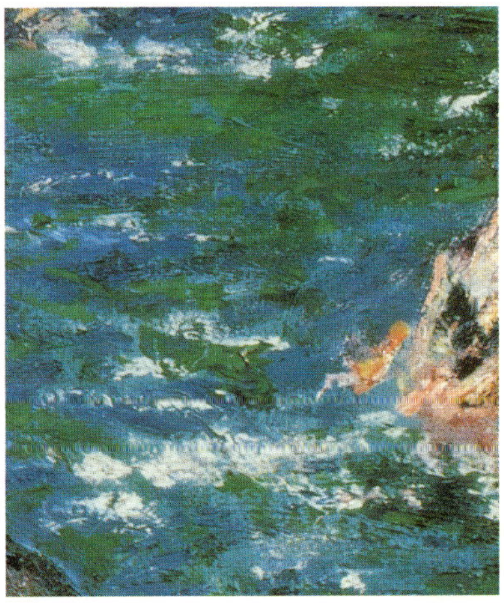

Port-Danois, **une des scènes de falaises réalisée en 1886.**

La mer tourmentée

Les paysages escarpés des bords de mer attirent particulièrement Monet, qui prend parfois des risques énormes pour peindre certaines vues depuis un angle précis. En 1881, alors qu'il travaille à Étretat, son chevalet fixé à la falaise, le peintre est emporté par une lame, évitant de justesse la noyade. La bravoure de Monet est légendaire – comme sa mauvaise humeur lorsque le temps change alors qu'il travaille sur un tableau !

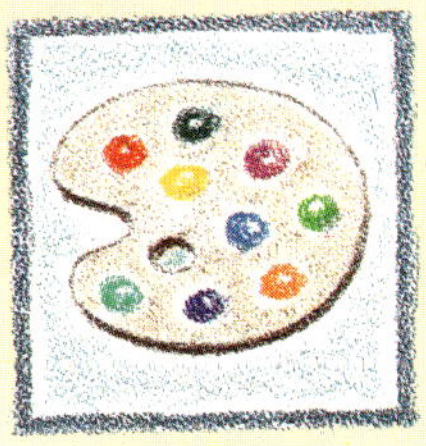

Peindre l'eau

L'eau est transparente. Ce que nous voyons quand nous regardons un étang calme, ce sont principalement les reflets du ciel et du paysage. Quand la surface de l'eau est agitée de vagues ou de rides, ces reflets changent de forme ou sont décomposés en petits morceaux. Étudie minutieusement l'eau. Tu découvriras que ses reflets contiennent plus de couleurs et d'images que tu ne t'y attendais. Essaie de les reproduire le plus précisément possible.

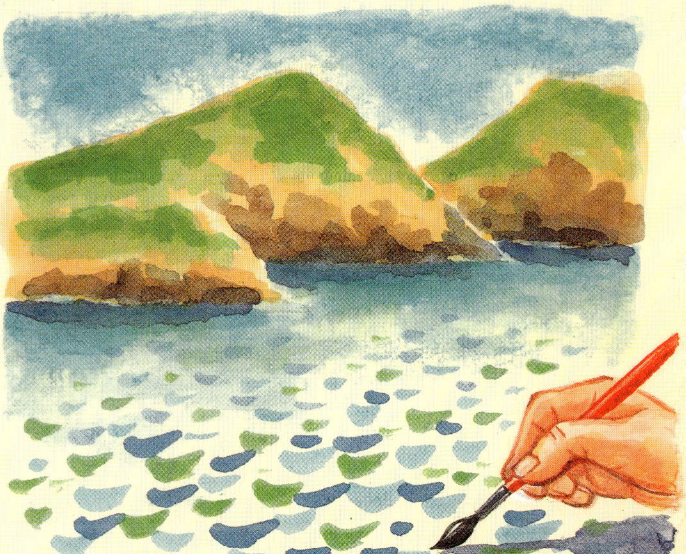

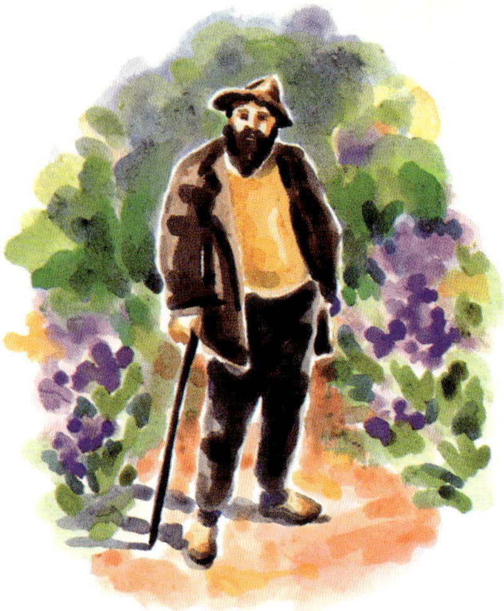

Les séries de tableaux

En 1891, Ernest Hoschedé meurt. L'année suivante, Monet épouse Alice. À cette époque, ses tableaux deviennent plus simples, s'appuyant surtout sur la couleur. Monet a toujours été intéressé par les effets de la lumière. À présent, il étudie les variations d'une même scène selon les changements de luminosité, réalisant ainsi des séries.

Les meules et les peupliers

Monet choisit les meules de foin qui jonchent les champs autour de sa maison comme sujet de sa première grande série. Plus jeune, il peignait parfois plusieurs tableaux sur un même thème. Désormais, il étudie les effets de la lumière à différentes saisons ou heures du jour, d'une manière quasi scientifique. Pour Monet, tous les tableaux d'une série doivent être exposés ensemble afin que le public puisse percevoir les changements de luminosité.

En 1891, il expose 15 tableaux de sa série des *Meules* à la galerie Durand-Ruel. C'est un succès. La même année, il travaille sur une nouvelle série : les peupliers qui bordent la Seine près de Giverny.

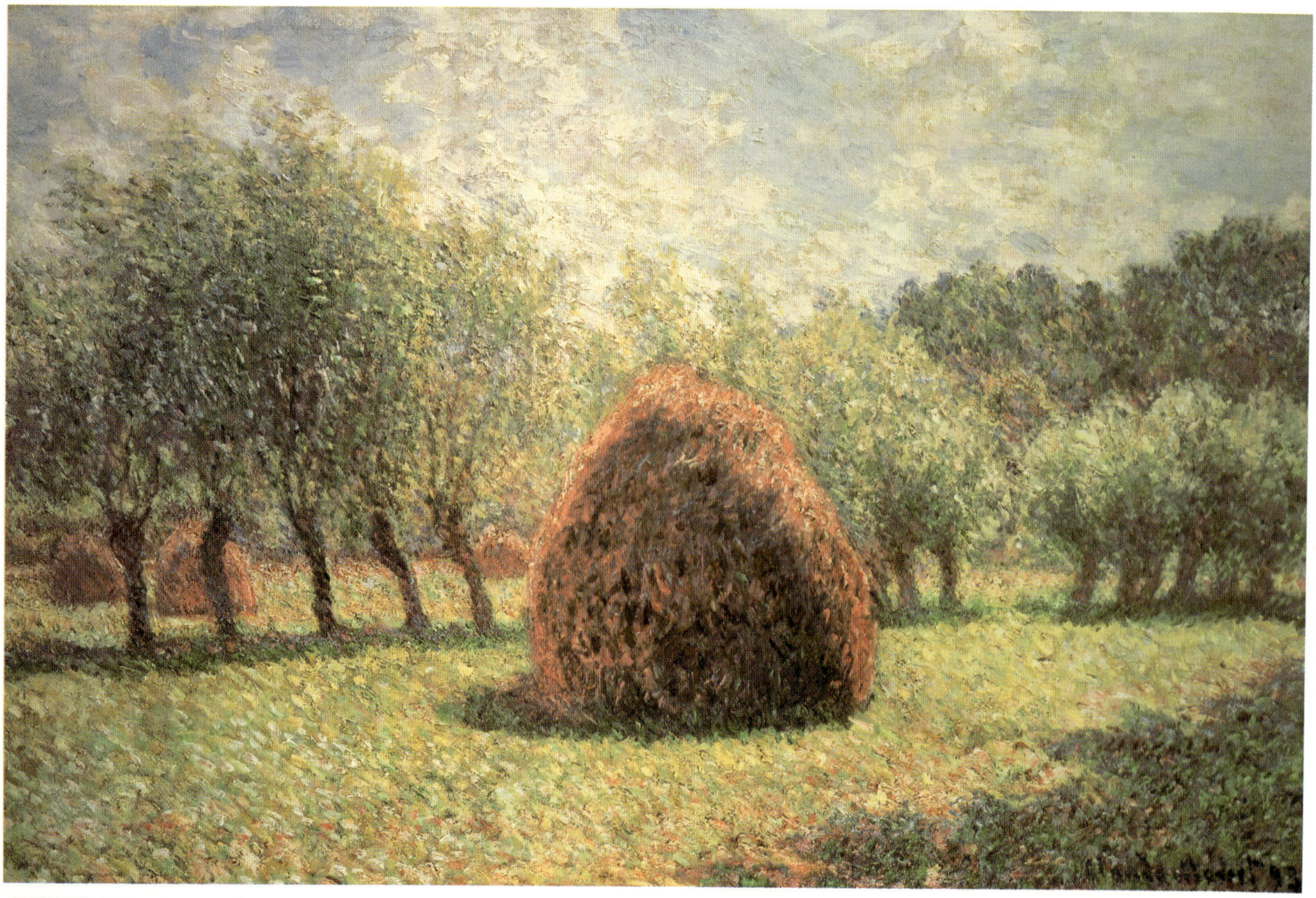

Meules à Giverny, **l'un des tableaux faisant partie d'une série réalisée en 1890 et 1891.**

Une vue, plusieurs tableaux

Un jour, alors que Monet peint une meule de foin, il remarque combien la luminosité a évolué depuis le début de son travail. Au lieu de modifier le premier tableau, il prend une autre toile et représente la scène sous un éclairage différent. Au fur et à mesure que le jour progresse, il prend une autre toile, puis une autre encore. Il peint aussi le même sujet à différentes périodes de l'année.

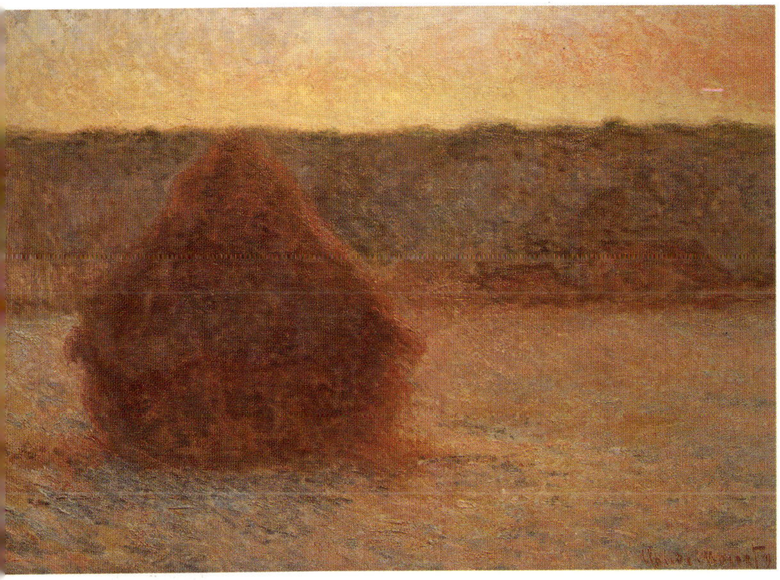

***Meule, coucher de soleil, hiver,* 1890-1891.**

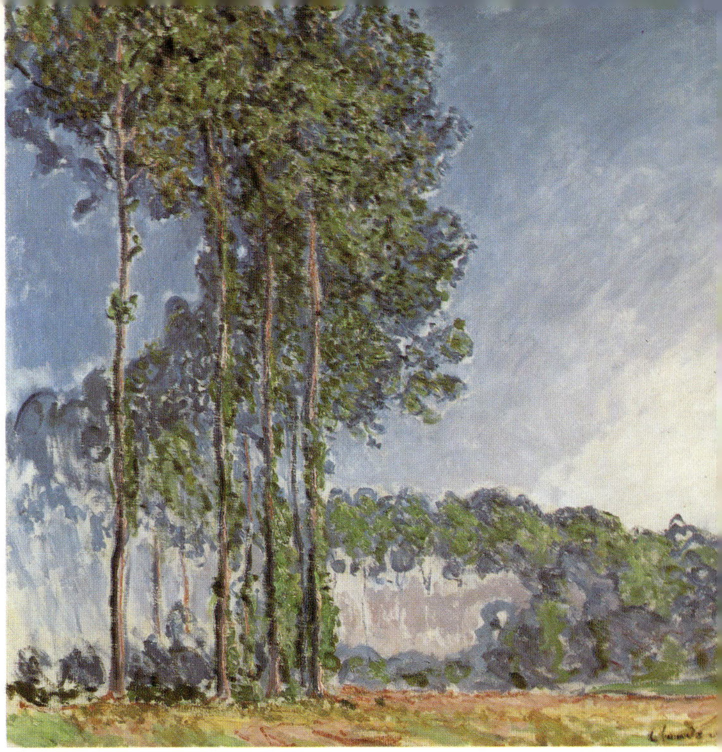

***Peupliers,* une des toiles de la série peinte en 1891.**

Monet peint vite. Un visiteur décrit sa technique: assis face à son chevalet, il trace quelques lignes au charbon de bois, puis attaque directement la peinture, manipulant ses longs pinceaux avec une dextérité étonnante et un sens assuré de la conception... Son paysage est rapidement établi et peut être considéré comme achevé après à peine une heure.

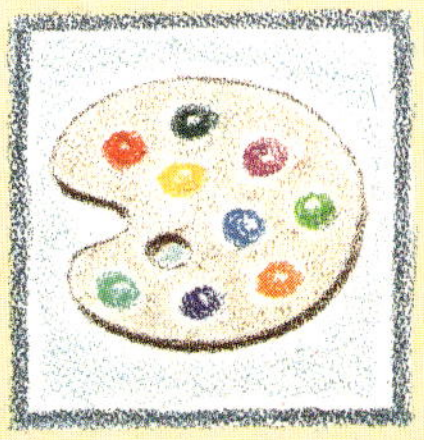

Couleurs complémentaires

Lorsqu'il peint les meules, Monet les représente souvent avec leur ombre dans des couleurs *complémentaires.* Observe la roue des couleurs à la page 11: tu verras que chacune des couleurs primaires a une couleur secondaire qui lui est opposée. Ainsi, le vert est la couleur complémentaire du rouge. Pour de nombreux artistes, un objet offre un meilleur contraste si son ombre est peinte avec sa couleur complémentaire.

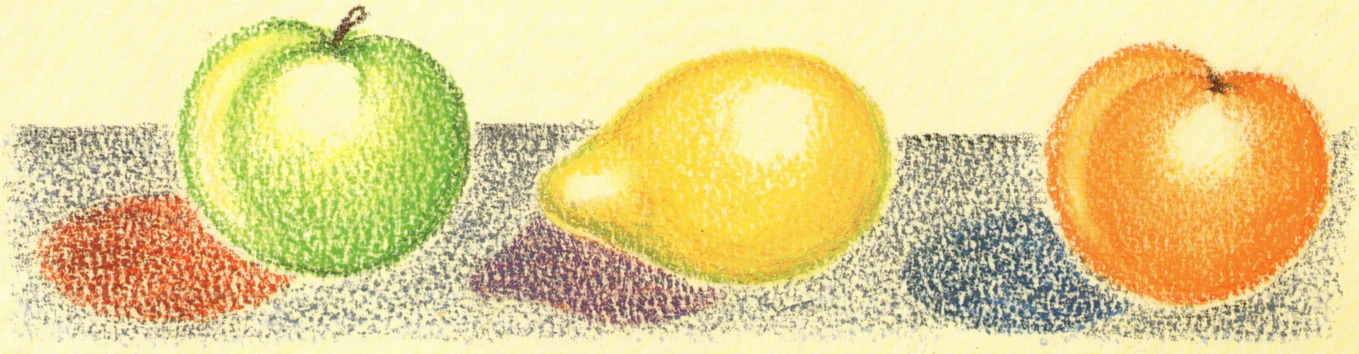

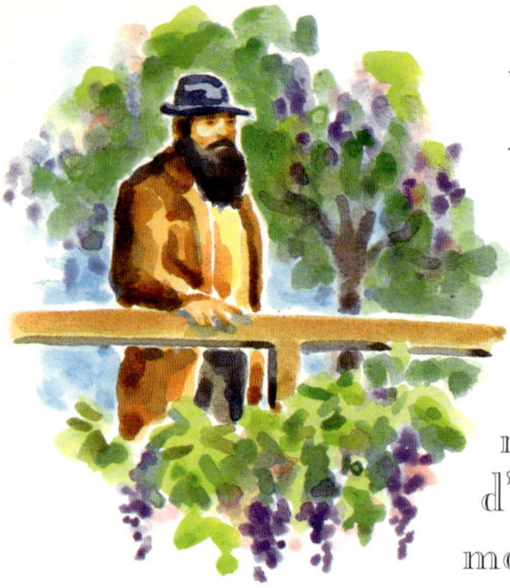

Reproduire la lumière

Monet est maintenant dans la cinquantaine. Il travaille toujours à Giverny. Comme d'autres artistes impressionnistes, il est désormais célèbre, et ses tableaux se vendent très cher. Giverny reçoit nombre d'artistes, d'amateurs et de critiques d'art venus de France et d'ailleurs. Monet aime leur montrer son jardin qu'il a aménagé avec amour.

La cathédrale de Rouen

En 1892, Monet se rend à Rouen, près de Giverny, et y entame une série de 28 tableaux de la cathédrale. Son but: représenter les changements de luminosité sur la pierre, à différents moments du jour.

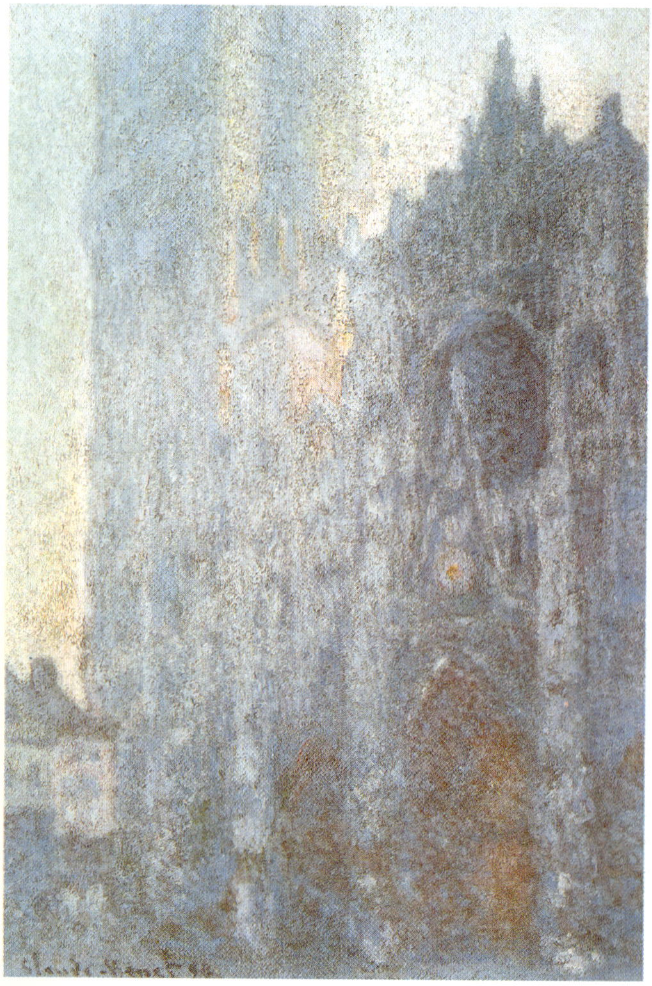

Le Portail et la Tour Saint-Romain, effet du matin, **1892-1893.**

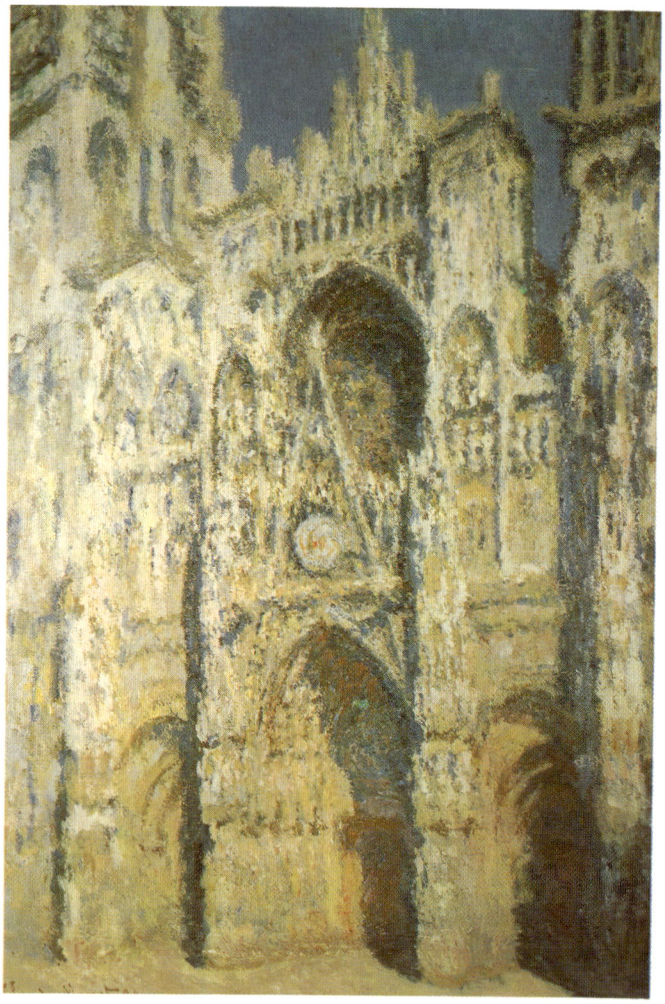

Le Portail et la Tour Saint-Romain, plein soleil, **1892-1893.**

Les visiteurs de Monet à Giverny ne sont pas autorisés à l'interrompre lorsqu'il peint. L'artiste travaille intensément et entre parfois dans de violentes colères. Dans de pareils moments, même sa famille se tient à l'écart, attendant que l'orage passe.

Le travail en atelier

Pour peindre la cathédrale de Rouen sous l'angle voulu, Monet s'installe dans une chambre située au-dessus d'un magasin. Ensuite, il retravaille ses toiles dans son atelier. L'artiste a du mal à admettre qu'il doit regagner son atelier pour achever ses tableaux. Mais, avec l'âge, il doit se résoudre souvent à peindre à l'intérieur.

Les séries de Monet sont exposées ensemble, comme l'artiste l'a souhaité. Les critiques leur réservent un bon accueil. Certains affirment même qu'elles ouvrent une ère nouvelle de l'histoire de la sensation et de l'expression. Le sujet de ces toiles se résume au temps qui s'écoule.

La Cathédrale de Rouen,
à la fin de l'après-midi, 1892-1893.

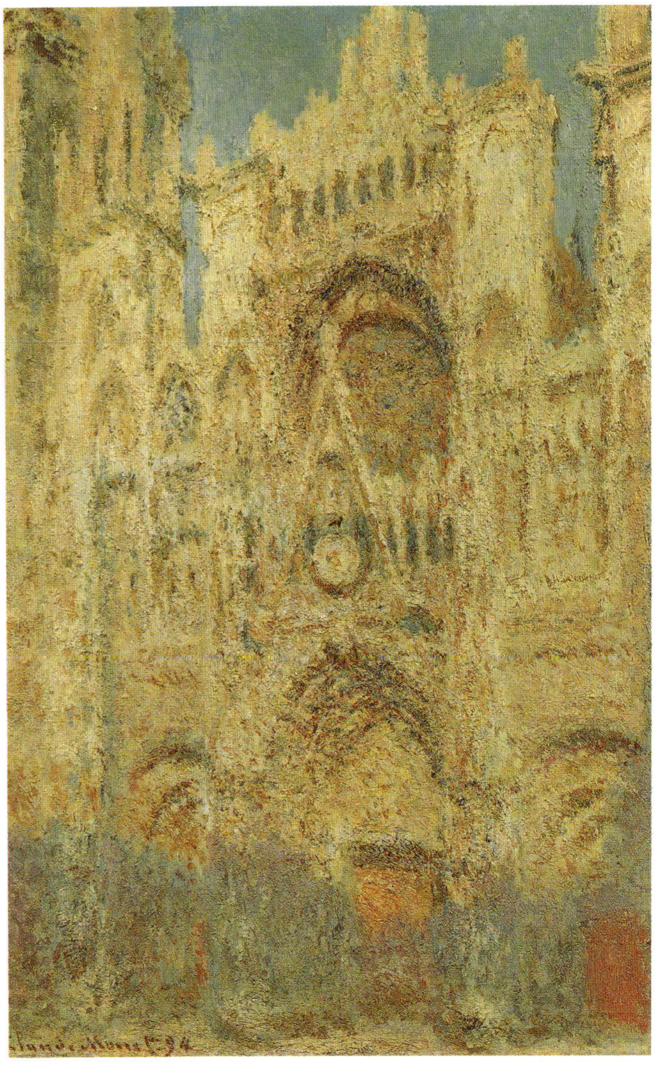

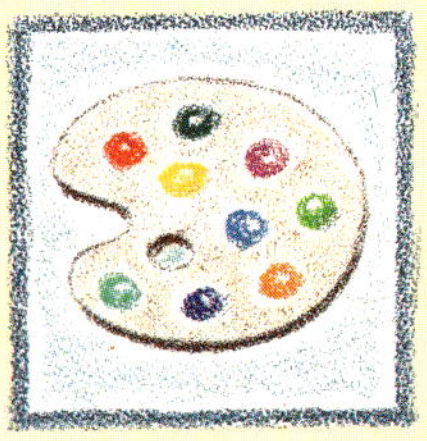

Lumière changeante

N'importe quel endroit change d'aspect en fonction de l'heure et du temps. Très tôt le matin, un lieu peut paraître gris-bleu, teinté de rose. Quand le soleil monte dans le ciel, les couleurs se précisent et les formes deviennent plus nettes. Le soir, les ombres s'allongent; les couleurs et les formes s'adoucissent et peuvent prendre une teinte dorée. Essaie de réaliser une série de tableaux de la même vue pour montrer comme un paysage peut évoluer en fonction du moment.

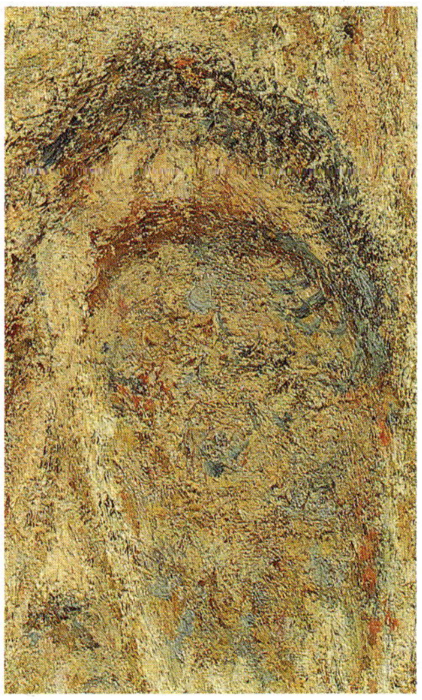

Monet représente les traits de base de la cathédrale avec précision, mais il laisse les détails imprécis. Il travaille les effets de la lumière sur l'édifice et exécute plus de 40 versions de ce thème en 1892 et 1893.

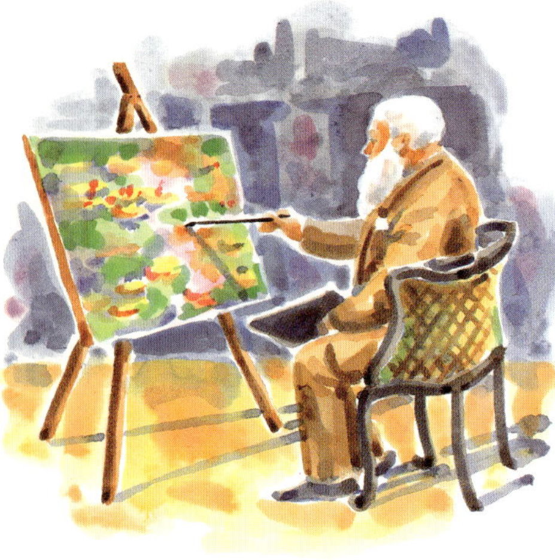

Impressions de voyage

Au cours des années passées à Giverny, Monet se rend régulièrement sur la côte et dans d'autres régions de France ainsi qu'à l'étranger. Il visite l'Angleterre, la Norvège, les Pays-Bas et l'Italie. Jusqu'aux environs de 1910, il voyage beaucoup et, partout où il se rend, il emporte ses pinceaux et ses toiles.

Londres et Venise

Entre 1899 et 1901, Monet visite Londres à plusieurs reprises et peint environ 100 toiles de la Tamise. «J'aime Londres dans le brouillard, dit-il. Ses blocs réguliers et massifs deviennent grandioses dans ce manteau mystérieux.»

En 1908, Monet est invité à Venise par le peintre américain John Singer Sargent. Séduit par les reflets des bâtiments dans les canaux, il écrit: «C'est si beau... J'ai connu ici des moments délicieux qui m'ont presque fait oublier le vieil homme que je suis.»

Le Grand Canal, Venise, **réalisé entre 1908 et 1912.**

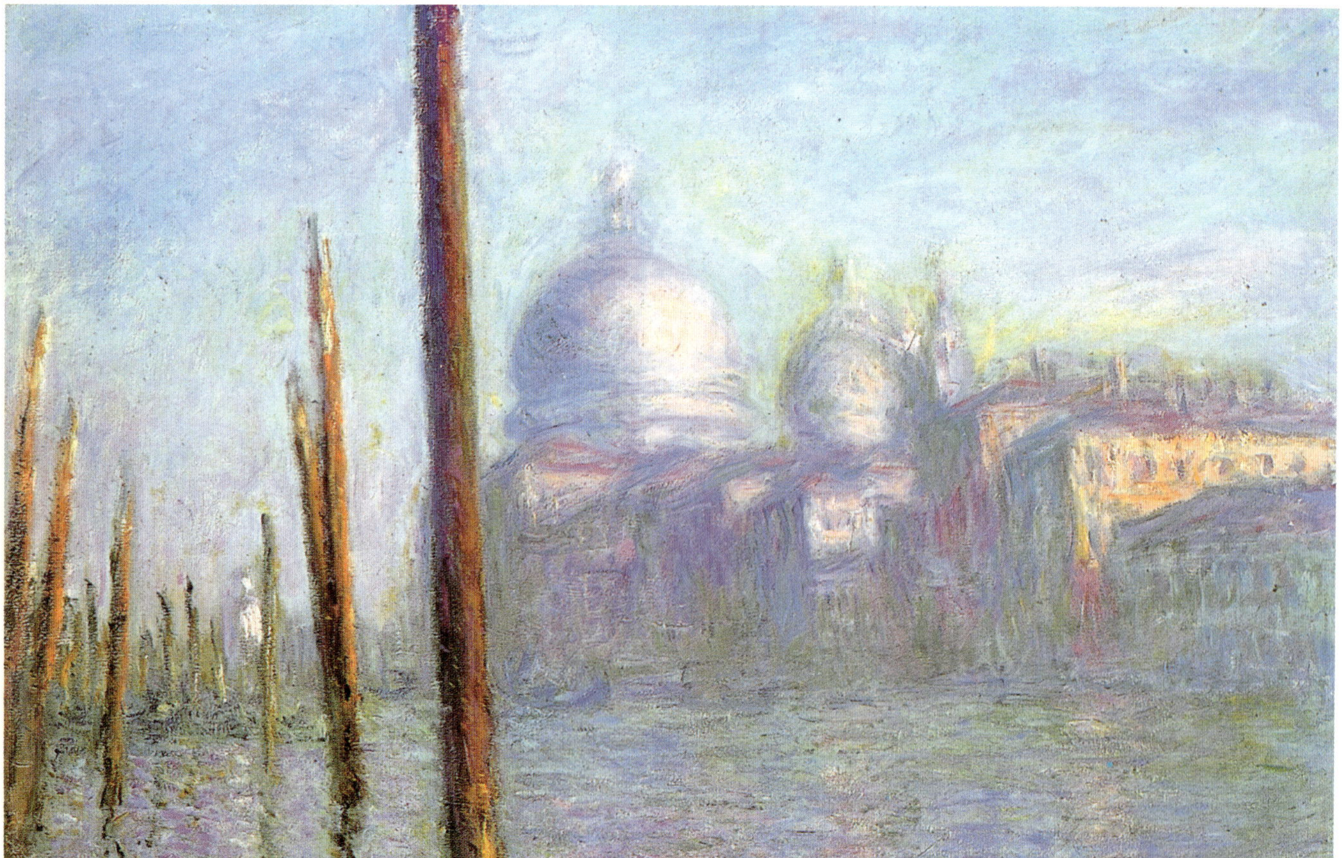

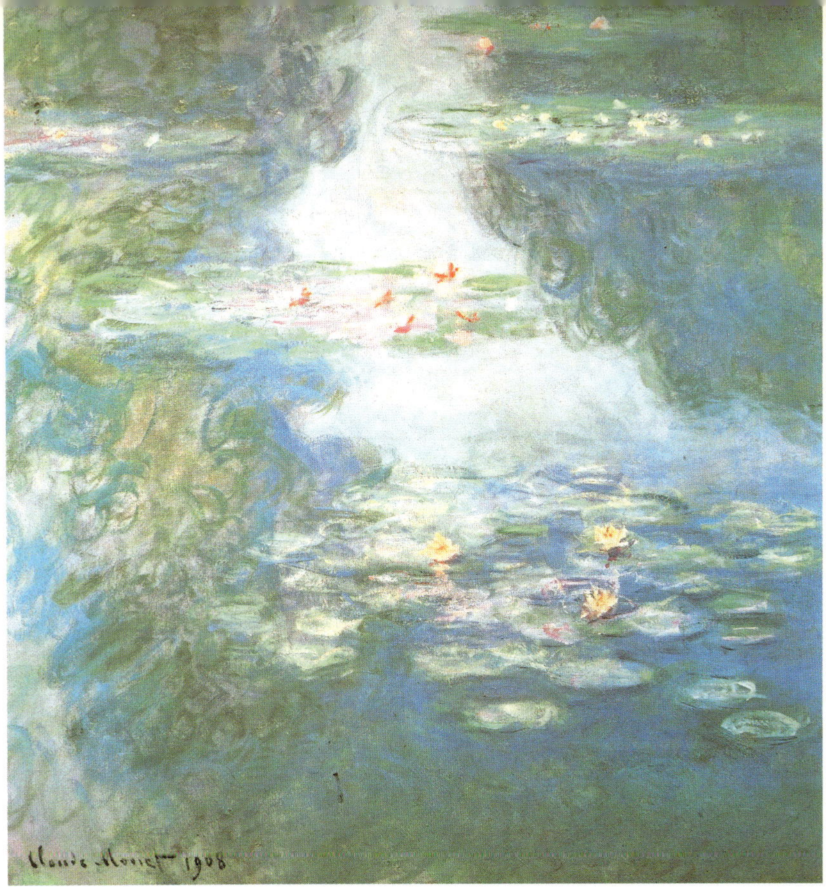

Le jardin de Giverny

En 1890, Monet achète la maison de Giverny qu'il avait louée jusque-là. Progressivement, il acquiert également des terres autour de la propriété et les transforme en jardins. Il y cultive de nombreuses plantes rares et exotiques. Il détourne une rivière pour alimenter un étang et un jardin aquatique dans le but de charmer le regard et de pouvoir offrir des sujets de peinture. Il sème des nymphéas et fait construire un petit pont japonais. En 1899, il travaille sur une série de peintures où le pont apparaît au premier plan, surplombant les nymphéas. Cette série témoigne de l'intérêt de l'artiste pour le reflet de la lumière dans l'eau.

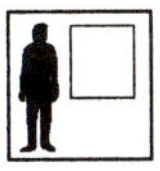

Nymphéas, peint en 1906.

Dans ce tableau, les lignes fortes des piliers fixent le premier plan, tandis que l'église à l'arrière-plan est floue. Monet utilise aussi la couleur pour donner l'impression de profondeur. Les couleurs chaudes – comme le rouge, le brun et le jaune – viennent à nous, tandis que les froides – comme le bleu et le violet – semblent s'éloigner.

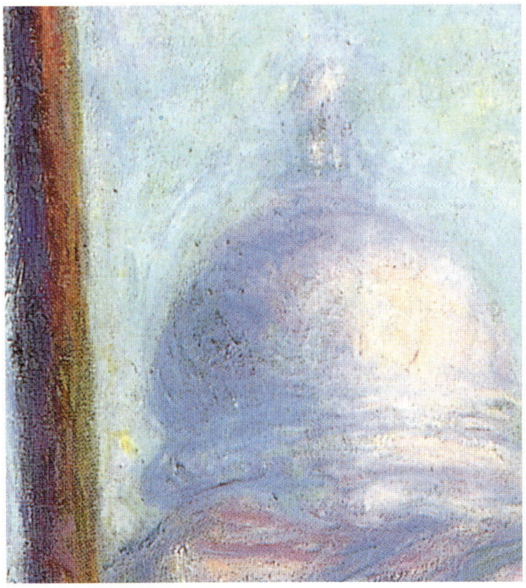

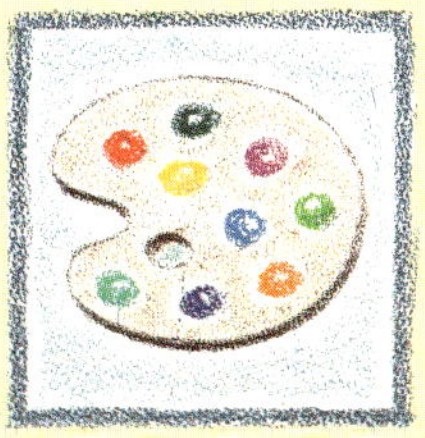

Dessins avec profondeur

Nous avons vu comment créer l'illusion de profondeur à l'aide de la perspective et des couleurs. Voici d'autres moyens.

Un objet situé au premier plan cache une partie de ce qui est derrière lui. Dessine des objets qui en recouvrent d'autres.

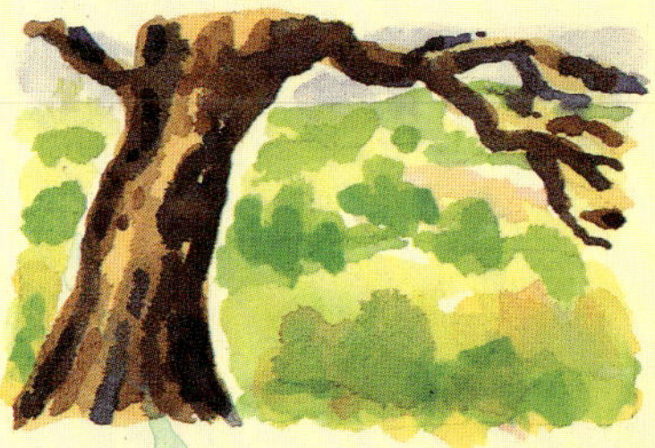

Les objets proches sont peints avec plus de détails que les objets éloignés. Réalise-les à l'aide de traits vifs et d'ombres nettes.

Utilise des couleurs chaudes (rouge ou jaune) au premier plan et réserve les bleus ou les mauves pour l'arrière-plan.

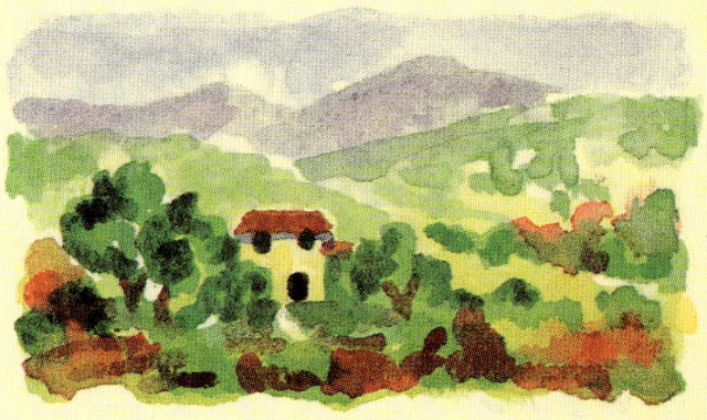

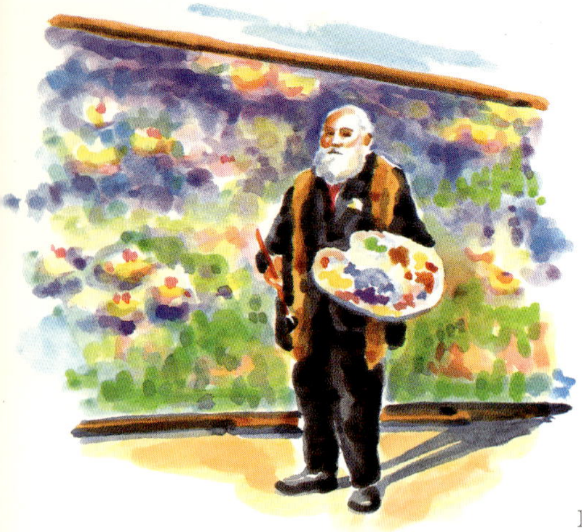

Les dernières années

En 1911, Alice meurt des suites d'une longue maladie. Désespéré, Monet se retire du monde durant de longs mois. À partir de ce moment, sa vue décline : il ne distingue plus très bien les couleurs. En 1914, son fils Jean meurt. Malgré tout, le peintre réalise quelques œuvres magnifiques et originales.

Les nymphéas

Jusqu'à la fin de sa vie, Monet quitte rarement sa maison de Giverny. Les jardins et l'étang qu'il a créés deviennent son unique source d'inspiration.

Monet retrouve un ancien ami, l'homme politique Georges Clémenceau. En 1918, ce dernier est nommé Premier ministre de la France. Il persuade l'artiste de peindre une série d'immenses tableaux de nymphéas. Ce projet occupe le peintre jusqu'à la fin de sa vie. Monet se fait construire un grand atelier à Giverny où il travaille sur de grands panneaux muraux.

Au cours des dernières années, la santé de Monet se détériore. L'artiste est aveuglé par la cataracte, une couche opaque qui se forme sur le cristallin et qui détériore sa perception des couleurs. Mais il poursuit son œuvre sans relâche. Longtemps, il refuse de se faire opérer par crainte de perdre totalement la vue. Mais, à partir de 1923, il finit par accepter, et plusieurs opérations se soldent par un demi-succès. Cependant, le port de verres améliore quand même sa vue. Le vieux peintre commente : «Je vais bien, bien que très vieux, et j'ai enfin retrouvé ma vue, avec quelle joie. Aussi ai-je travaillé tout l'été, avec plus d'ardeur que jamais.» En 1926, il est atteint d'un cancer des poumons (Monet était un grand fumeur). Dans les derniers moments de la maladie, il est soigné par Blanche Hoschedé, sa belle-fille et la veuve de son fils Jean. En décembre 1926, il meurt. Il est enterré à Giverny.

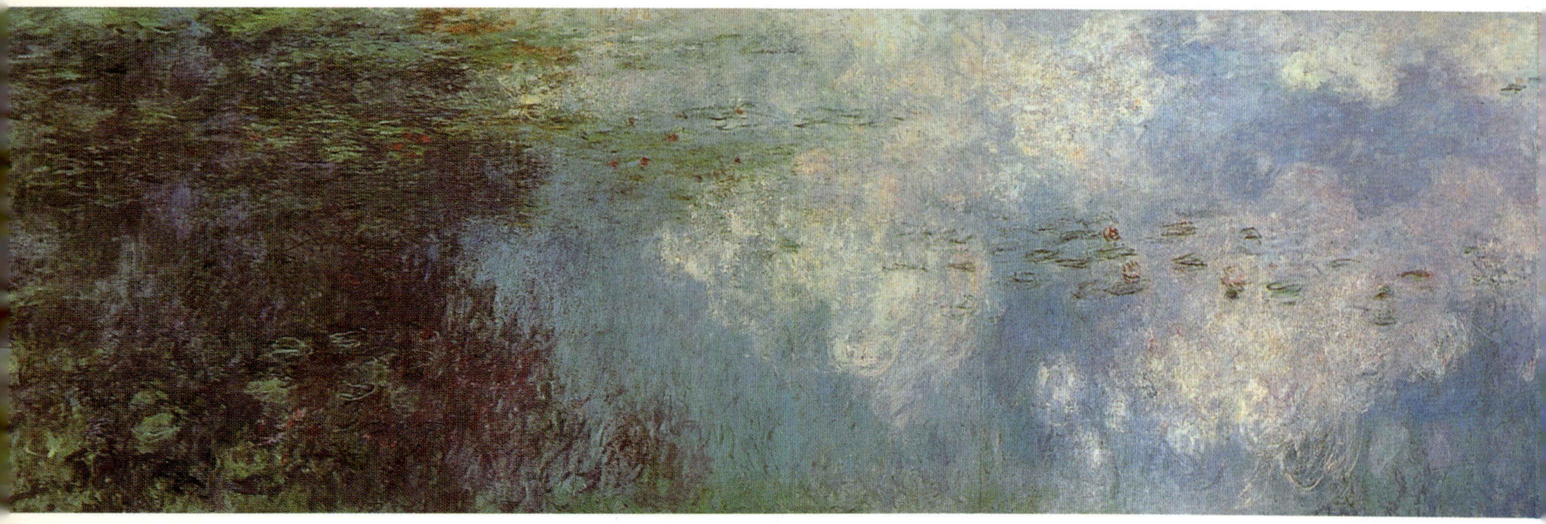

***Les nuages*, 1918-1926. Ces études de fleurs et de leur reflet se rapprochent de l'art abstrait.**

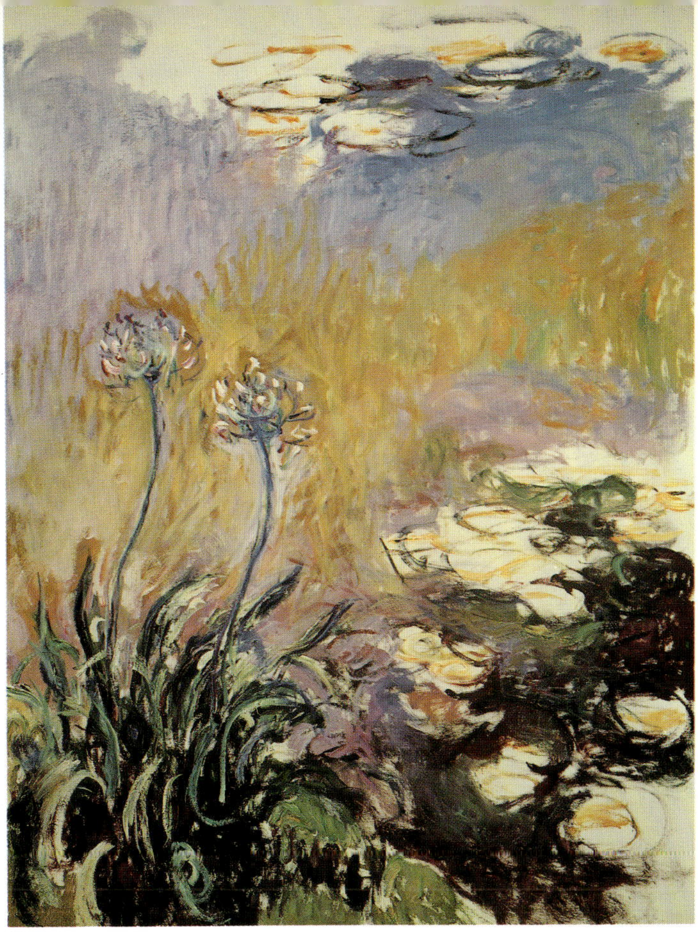

Les Agapanthes, **1914-1917, réalisé alors que la vue de Monet s'est affaiblie.**

Après la mort de Monet, la série des *Nymphéas* est exposée à l'Orangerie des Tuileries, un musée de Paris. Ces toiles proposent un art nouveau, presque abstrait, et seront admirées par de nombreux artistes. Elles font de Monet un des pionniers de l'art du XXe siècle, comme il l'avait été auparavant pour l'impressionnisme.

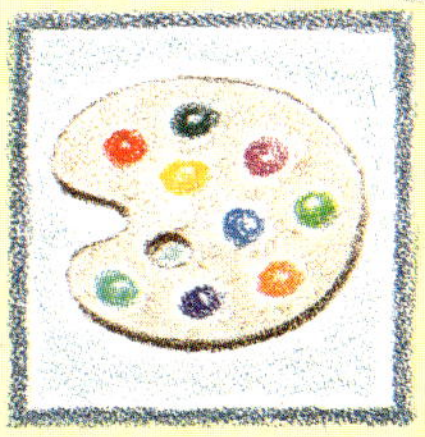

L'art abstrait

Les peintres abstraits n'essaient pas de représenter la réalité telle quelle. Leurs toiles tirent leur effet des agencements, des formes et des courbes qui les composent. Fais-en l'expérience. Prends une feuille de papier et couvre-la de taches de peinture de manière à ce que les couleurs se mélangent avant de sécher. Le résultat obtenu pourra servir de base pour compléter une peinture.

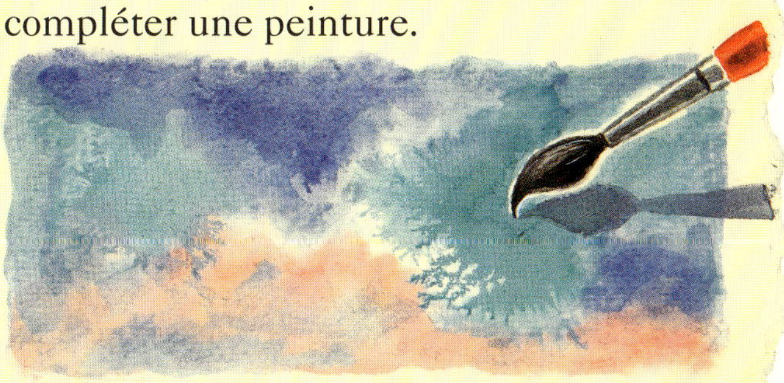

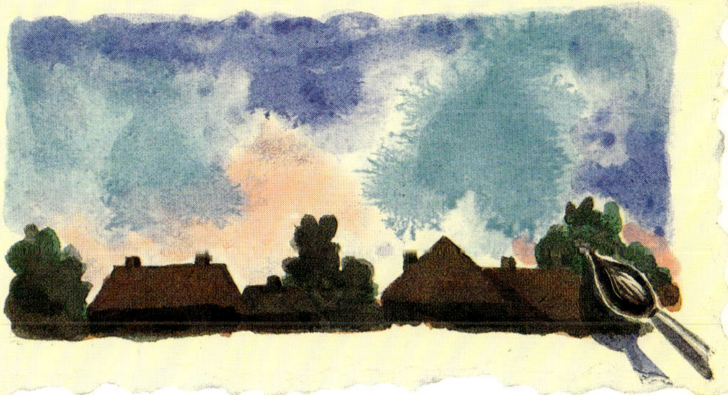

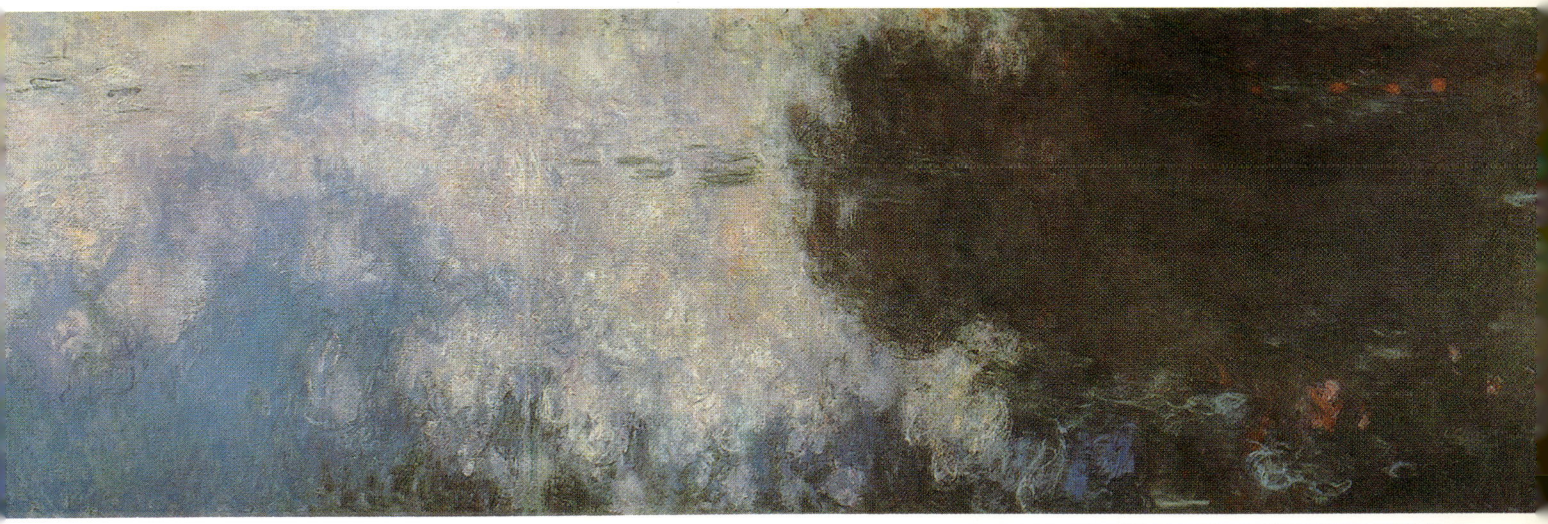

Biographie de Claude Monet

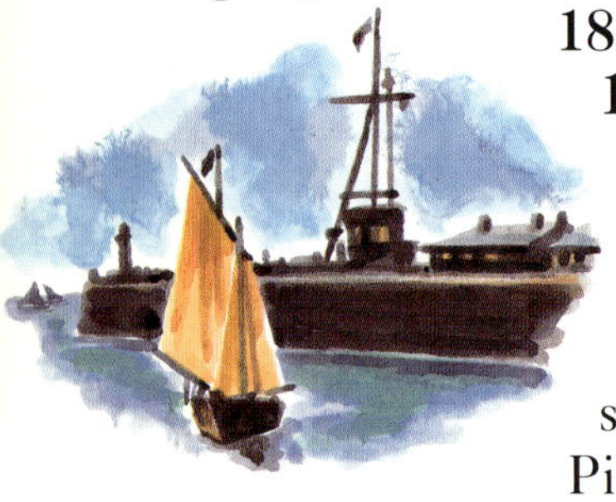

1840 Naissance à Paris
1846 Déménage avec sa famille au Havre, dans le Nord de la France
1859 Se rend à Paris et entre à l'Académie suisse. Rencontre Pissarro
1861-1862 Service militaire en Algérie: contracte la typhoïde
1862 Entre à l'atelier de Charles Gleyre. Rencontre Sisley et Renoir
1865-1866 Peint le *Déjeuner sur l'herbe*, avec Camille Doncieux pour modèle
1867 Camille donne naissance à leur premier fils, Jean.
1870 Monet épouse Camille. Ils fuient en Angleterre lorsque la guerre éclate entre la France et la Prusse.
1871 Retour en France; s'installe à Argenteuil
1874 Une exposition sur Monet, Renoir, Sisley, Pissarro et d'autres donne lieu à la création du terme péjoratif d'«impressionniste» par un critique d'art.

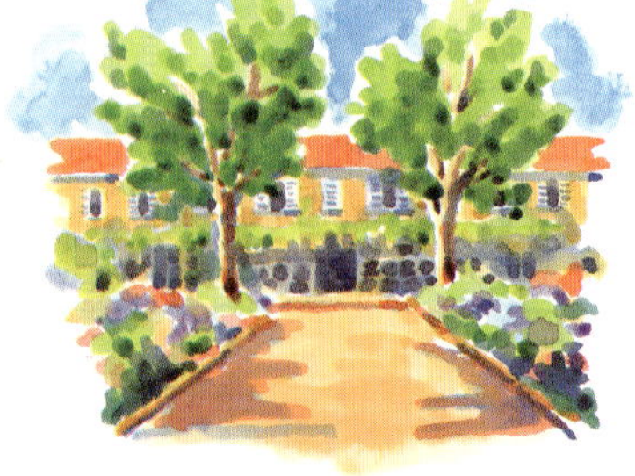

1876 Ernest Hoschedé, riche mécène, soutient Monet.
1878 Naissance d'un deuxième fils, Michel. Camille est à présent très malade et Monet sans argent. Ils déménagent à Vétheuil.
1879 Décès de Camille
1881 Monet déménage à Poissy, rejoint par Alice Hoschedé.
1883 Monet et Alice, avec leurs huit enfants, déménagent à Giverny.

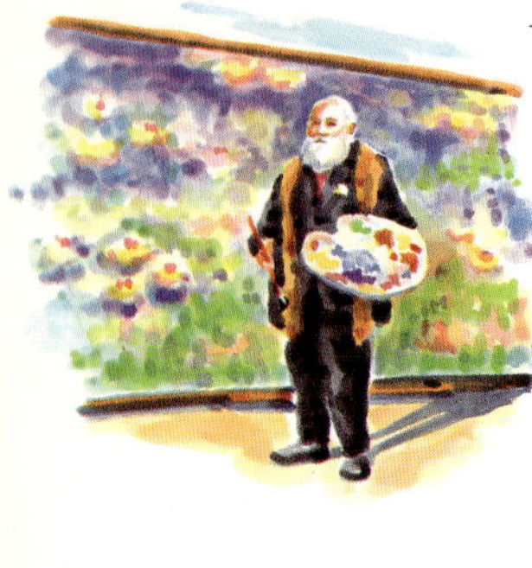

1890-1891 Monet réalise les *Meules*, sa première série de tableaux.
1911 Décès d'Alice
1914-1926 Peint les *Nymphéas*
1926 Meurt à Giverny, à l'âge de 86 ans

Brève histoire de l'art

Les plus anciennes œuvres d'art sont des figurines datant de 30 000 av. J.-C. L'art rupestre (sur les parois des grottes) apparaît à partir de 16 000 av. J.-C. Durant l'époque classique (500-400 av. J.-C.), la sculpture est florissante dans la Grèce antique.

La Renaissance débute en Italie dans les années 1300 et atteint son apogée au XVIe siècle. Voici quelques artistes italiens célèbres: Giotto (vers 1266-1337), Léonard de Vinci (1452-1519), Michel-Ange (1475-1564) et Titien (vers 1490-1576).

En Europe, au cours des XVe et XVIe siècles, Jérôme Bosch (actif de 1480 à 1516), Albrecht Dürer (1471-1528), Bruegel l'Ancien (1525-1569) et le Greco (1541-1614) produisent des chefs-d'œuvre. La période baroque est marquée par Rubens (1577-1640) et Rembrandt (1606-1669).

Au cours de la période romantique, des peintres anglais comme J. M. W. Turner (1775-1851) et John Constable (1776-1837) réalisent des paysages magnifiques. Francisco Goya (1746-1828) est un grand portraitiste espagnol.

L'impressionnisme débute en France dans les années 1870. Citons **Claude Monet** (1840-1926), Camille Pissarro (1830-1903) et Edgar Degas (1834-1917). Les postimpressionnistes sont Paul Cézanne (1839-1906), Paul Gauguin (1848-1903) et Vincent Van Gogh (1853-1890).

Le XXe siècle voit l'apparition de nombreux mouvements artistiques. Avec Georges Braque (1882-1963), Pablo Picasso (1881-1973) crée le mouvement cubiste et a une influence considérable sur l'art moderne tandis que Salvador Dali (1904-1989) opte pour le surréalisme. Plus récemment, Jackson Pollock (1912-1956) et David Hockney (1937-) ont acquis leurs lettres de noblesse.

Musées

Les musées énumérés ci-dessous possèdent des œuvres de Monet.

L'Art Institute à Chicago, États-Unis

Le Fogg Art Museum à Harvard, Cambridge, États-Unis

Le musée du Louvre à Paris, France

Le Metropolitan Museum of Art à New York, États-Unis

Le musée d'Orsay à Paris, France

Le musée Marmottan à Paris, France

Le musée Pouchkine à Saint-Pétersbourg, Russie

Le Museum of Fine Arts à Boston, États-Unis

La National Gallery à Londres, Angleterre

La National Gallery of Art à Washington, États-Unis

La National Gallery of Australia à Canberra, Australie

L'Orangerie des Tuileries à Paris, France

Le Philadelphia Museum of Art, États-Unis

La Tate Gallery à Londres, Angleterre

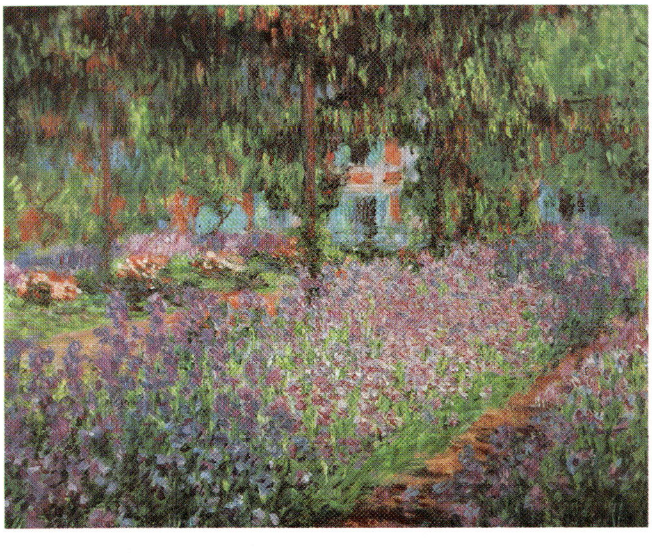

Glossaire

Art abstrait Certaines peintures sont uniquement constituées de lignes, de formes et de couleurs, et ne visent pas à reproduire la réalité, comme des personnes, des maisons ou un paysage. Ces peintures font partie de l'art abstrait.

Atelier Pièce ou bâtiment où travaille un artiste. Les ateliers spécialement aménagés pour un peintre sont habituellement des pièces spacieuses, avec de grandes fenêtres laissant pénétrer un maximum de lumière, mais pas la lumière directe du soleil.

Caricature Portrait humoristique d'une personne dont les traits sont délibérément exagérés.

Couleurs complémentaires Couleurs qui apparaissent sur les côtés opposés de la roue des couleurs, comme le rouge et le vert. Les couleurs complémentaires contrastent vivement lorsqu'elles sont placées côte à côte dans un tableau.

Impressionnisme Mouvement qui débuta en France dans les années 1860, visant à reproduire une «impression» de lumière et de couleur plutôt que la représentation détaillée d'un sujet. Les impressionnistes rendent l'atmosphère d'une scène ou d'un paysage en utilisant des couleurs vives et des coups de pinceau brefs et rapides. Le terme péjoratif «impressionniste» fut utilisé pour la première fois en 1874, lorsqu'un critique d'art voulut décrire les œuvres d'artistes comme Monet, Pissarro, Sisley et Renoir. Les artistes apprécièrent ce mot et l'adoptèrent pour définir leur mouvement.

Perspective Depuis le XVe siècle, les artistes ont utilisé différentes méthodes pour rendre une impression de profondeur dans leurs tableaux. En règle générale, les objets paraissent plus petits et plus pâles s'ils sont éloignés.

Index

Index des illustrations

Remerciements particuliers à: The Bridgeman Art Library. Giraudon/Bridgeman Art Library. Musée Marmottan, Paris. John T. Spaulding, Museum of Fine Arts, Boston. Frank Spooner Pictures. Roger Vlitos. Les éditeurs ont essayé d'entrer en contact avec tous les détenteurs importants de copyright et s'excusent pour les oublis involontaires.